KB119830

하루 5분 국민 영어과외
김영철·타일러의
진짜 미국식 영어 5

일러두기

《김영철·타일러의 진짜 미국식 영어》 5권에는 SBS라디오 〈김영철의 파워FM〉 '진짜 미국식 영어'에서 방송된 736~1202회(마지막회) 중 타일러가 선정한 가장 미국적인 표현 150편을 담았습니다.

하루 5분 국민 영어과외

김영철 · 타일러의 5 진짜 미국식 영어

김영철, 타일러 지음

위즈덤하우스

시작하며

《김영철·타일러의 진짜 미국식 영어》 5권으로 이 시리즈가 끝나네요. 무엇보다 아쉬운 건 친절한 담임선생님 같았던 타일러를 이젠 매주 만날 수 없다는 점이에요. 가끔은 제 잘못된 한국어 표현까지도 타일러가 지적해줬는데 말이에요. 타일러는 정말 최고의 아침 친구이자 파트너였어요. 물론 미국식 영어 표현이 어떤 특징을 갖는지, 이런 상황에서 어떤 표현을 써야 하는지, 오해를 피하려면 어떻게 표현해야 하는지 등을 세세히 알려주고 칭찬도 아끼지 않은 좋은 선생님이기도 했고요.

타일러에게 이 자리를 통해 그동안 정말 많이 가르쳐줘서 감사하다는 인사를 전하고 싶어요. 또한 이 시리즈를 끝까지 사랑해주신 독자님들께도 큰 감사를 전합니다.

김영철

《김영철·타일러의 진짜 미국식 영어》 5권 역시 4권처럼 마지막화까지의 방송들 중에서 독자 여러분들이 꼭 알았으면 좋을 것 같은 미국식 표현들을 골라 담았습니다. 핵심을 담은 만큼, 더 확실히 익히고 외우시면 좋을 것 같아요.

SBS라디오 〈김영철의 파워FM〉에서 2016년 11월에 시작해서 6년 동안 함께했던 '진짜 미국식 영어' 코너는 2022년 12월에 끝을 맺었습니다. 사실 《김영철·타일러의 진짜 미국식 영어》 5권은 그 아쉬움을 뒤로하고, 진짜 마지막을 알리기 위한 책입니다.

그동안 '진짜 미국식 영어' 코너를 아껴주시고, 《김영철·타일러의 진짜 미국식 영어》 시리즈를 사랑해주신 모든 분들께 고마움을 전합니다. 비록 라디오 코너는 끝났지만, 영어 공부만큼은 앞으로도 즐겁게 이어가시길 바랍니다.

타일러

하루 5분,
'최강 네이티브'로 거듭나는 법

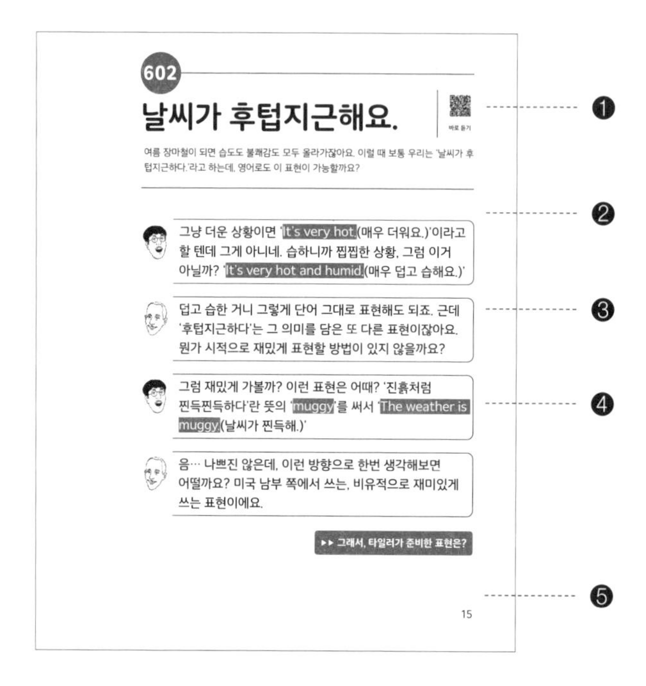
602

날씨가 후텁지근해요.

바로 듣기

여름 장마철이 되면 습도도 불쾌감도 모두 올라가잖아요. 이럴 때 보통 우리는 '날씨가 후텁지근하다.'라고 하는데, 영어로도 이 표현이 가능할까요?

그냥 더운 상황이면 'It's very hot.(매우 더워요.)'이라고 할 텐데 그게 아니네. 습하니까 찝찝한 상황, 그럼 이거 아닐까? 'It's very hot and humid.(매우 덥고 습해요.)'

덥고 습한 거니 그렇게 단어 그대로 표현해도 되죠. 근데 '후텁지근하다'는 그 의미를 담은 또 다른 표현이잖아요. 뭔가 시적으로 재밌게 표현할 방법이 있지 않을까요?

그럼 재밌게 가볼까? 이런 표현은 어때? '진흙처럼 찐득찐득하다'란 뜻의 'muggy'를 써서 'The weather is muggy.(날씨가 찐득해.)'

음… 나쁘진 않은데, 이런 방향으로 한번 생각해보면 어떨까요? 미국 남부 쪽에서 쓰는, 비유적으로 재미있게 쓰는 표현이에요.

▸▸ 그래서, 타일러가 준비한 표현은?

15

❶ QR코드를 찍으면 각 회에 해당하는 방송을 바로 들을 수 있습니다!

❷ 영어로 표현해야 하는 순간 꿀 먹은 벙어리가 되고 말았던 시간들은 이제 안녕!
진짜 미국식 영어가 절실하게 필요했던 상황들만 쏙쏙 골라 담았습니다!

❸ 김영철의 다양한 영어 표현 시도들을 보면서 머릿속으로 '나라면 뭐라고 얘기할까?' 생각해보세요!

❹ 김영철이 시도한 표현들이 현지인들에게는 왜 안 통하는지
타일러가 명쾌하게 짚어줍니다!

❺ 잠깐! 페이지를 넘기기 전에 다시 한 번 머릿속으로 진짜 미국식 표현은 무엇일지 생각해보세요!

602

It's hotter than Hades.

• 해석 지옥보다 더워.

Check!

• hotter(hot의 비교급) - 더 더운, 더 뜨거운
• Hades - 그리스 신화에 나오는, 죽은 자들의 신이자 지옥의 주인

타일러 Tip

재밌는 표현이죠? 'Hades'는 신의 이름이기도 하지만 지옥을 뜻하는 단어이기도 해요. 오늘의 표현에서도 신이 아닌 지옥 그 자체를 지칭하는 의미로 사용되었죠. 그래서 'Hades'의 자리에 'hell(지옥)'을 넣어도 돼요. 또 반드시 '지옥'이어야 할 필요는 없으니 다음과 같이 뒷부분을 바꿔서 활용해도 좋고요.
- It's hotter than a sauna. = 날씨가 사우나보다 더 더워.
- It's hotter than Satan in a sauna. = 사우나에 있는 사탄보다 더 더워.

16

❻ ❼ ❽

❻ 타일러가 알려주는 현지인들이 매일같이 쓰는 찰진 영어 표현! 사연 속 상황이 언제 우리에게 벌어질지 모르니 각 상황에 쓰이는 진짜 미국식 표현, 꼭 기억해두세요!

❼ 핵심 단어, 핵심 표현, 외워두면 좋겠죠?

❽ 정확한 표현보다 더 자연스러운 비유나 관용구, 미국인과의 대화에서 쓰지 말아야 할 단어, 문법에는 맞지 않지만 미국인들이 많이 쓰는 생략법, SNS에 어울리는 표현, 줄임말, 느낌이 달라지는 한 끗 차이 억양까지, 각 회마다 타일러가 전해주는 Tip만 익혀도 더 이상 원어민이 두렵지 않습니다!

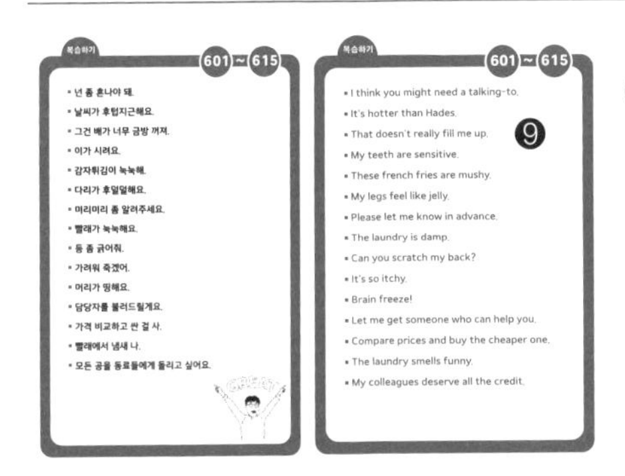

복습하기 601~615

• 넌 좀 혼나야 돼.
• 날씨가 후텁지근해요.
• 그건 배가 너무 금방 꺼져.
• 이가 시려요.
• 감자튀김이 눅눅해.
• 다리가 후덜덜해요.
• 미리미리 좀 알려주세요.
• 빨래가 눅눅해요.
• 등 좀 긁어줘.
• 가려워 죽겠어.
• 머리가 띵해요.
• 담당자를 불러드릴게요.
• 가격 비교하고 싼 걸 사.
• 빨래에서 냄새 나.
• 모든 공을 동료들에게 돌리고 싶어요.

복습하기 601~615

• I think you might need a talking-to.
• It's hotter than Hades.
• That doesn't really fill me up.
• My teeth are sensitive.
• These french fries are mushy.
• My legs feel like jelly.
• Please let me know in advance.
• The laundry is damp.
• Can you scratch my back?
• It's so itchy.
• Brain freeze!
• Let me get someone who can help you.
• Compare prices and buy the cheaper one.
• The laundry smells funny.
• My colleagues deserve all the credit.

❾

❾ 15회마다 복습하기 페이지가 있으니 잊지 말고 머리에 꼭꼭 담아두세요!

※ 위즈덤하우스 홈페이지에서 MP3 파일을 무료로 다운받을 수 있습니다!
www.wisdomhouse.co.kr (다운로드>도서 자료실)

**하루 5분 진짜 미국식 영어를 배우는 시간,
지금부터 시작해볼까요?**

차례

부록

넌 좀 혼나야 돼.

바로 듣기

친구가 돈도 없으면서 자꾸 입버릇처럼 뭘 사고 싶다고 징징대네요. 장난 섞인 뉘앙스로 '넌 좀 혼나야 돼.'라고 말해주고 싶은데, 영어로는 어떻게 표현하면 될까요?

'혼나다', '야단맞다'란 뜻의 'scold'란 단어가 있으니 그걸 써볼까? 'Scold you!(너 혼난다!)'

우선 생각을 좀 바꿔야 할 부분이 있어요. '혼내기'에 대한 생각이 한국과 영어권에서 좀 다르거든요. 'scold'는 느낌이 강한 단어라 영어권에서 많이 사용되진 않아요.

그럼 가볍게, 'I'm going to punish you.(나는 너한테 벌을 줄 거야.)'

'punish'가 '벌주다'인 건 맞아요. 근데 벌을 준다는 건 이미 잘못 여부에 대한 결론이 나와야 가능한 거겠죠? 오늘의 표현은 결론을 내기 이전에 상대와 말로 풀어보는 상황에 어울리는 것이어야 하지 않을까요?

▶▶ 그래서, 타일러가 준비한 표현은?

601

I think you might need a talking-to.

* **해석** 내 생각에 너랑 진지하게 대화를 좀 해야 될 거 같아.

Check!

* need ~ - ~이/가 필요하다
* talking-to - (훈육, 꾸중 느낌의) 진지한 대화

타일러 Tip

회사에서 어떤 직원이 지각을 하거나 일처리가 늦는 등으로 혼이 나야 하는 상황이 생기면, 일단 그 직원이 왜 그러는지 대화를 하면서 이유를 알아야 하잖아요.
그럴 때 필요한 말이 '너 나랑 대화 좀 하자.'일 텐데, 그런 진지한 대화를 뜻하는 명사가 'talking-to'예요. 그래서 이 단어에는 어감상 '정신 차려.'란 의미도 있답니다.

602

날씨가 후텁지근해요.

여름 장마철이 되면 습도도 불쾌감도 모두 올라가잖아요. 이럴 때 보통 우리는 '날씨가 후텁지근하다.'라고 하는데, 영어로도 이 표현이 가능할까요?

그냥 더운 상황이면 'It's very hot.(매우 더워요.)'이라고 할 텐데 그게 아니네. 습하니까 찝찝한 상황, 그럼 이거 아닐까? 'It's very hot and humid.(매우 덥고 습해요.)'

덥고 습한 거니 그렇게 단어 그대로 표현해도 되죠. 근데 '후텁지근하다'는 그 의미를 담은 또 다른 표현이잖아요. 뭔가 시적으로 재밌게 표현할 방법이 있지 않을까요?

그럼 재밌게 가볼까? 이런 표현은 어때? '진흙처럼 찐득찐득하다'란 뜻의 'muggy'를 써서 'The weather is muggy.(날씨가 찐득해.)'

음… 나쁘진 않은데, 이런 방향으로 한번 생각해보면 어떨까요? 미국 남부 쪽에서 쓰는, 비유적으로 재미있게 쓰는 표현이에요.

▶▶ 그래서, 타일러가 준비한 표현은?

602

It's hotter than Hades.

* **해석** 지옥보다 더워.

Check!

* hotter(hot의 비교급) - 더 더운, 더 뜨거운
* Hades - 그리스 신화에 나오는, 죽은 자들의 신이자 지옥의 주인

타일러 Tip

재밌는 표현이죠? 'Hades'는 신의 이름이기도 하지만 지옥을 뜻하는 단어이기도 해요. 오늘의 표현에서도 신이 아닌 지옥 그 자체를 지칭하는 의미로 사용되었죠. 그래서 'Hades'의 자리에 'hell(지옥)'을 넣어도 돼요. 또 반드시 '지옥'이어야 할 필요는 없으니 다음과 같이 뒷부분을 바꿔서 활용해도 좋고요.

- It's hotter than a sauna. = 날씨가 사우나보다 더 더워.
- It's hotter than Satan in a sauna. = 사우나에 있는 사탄보다 더 더워.

603

그건 배가 너무 금방 꺼져.

바로 듣기

일하다 점심시간이 되면 '오늘은 뭘 먹지?' 하고 매일 고민하게 되는데, 동료들이 간단하게 분식을 먹자고 할 때마다 '그건 배가 너무 금방 꺼지잖아.'라며 거절하곤 해요. 이 말은 영어로 어떻게 하나요?

한국에선 밥 대신 국수 같은 분식류를 먹으면 배가 금방 꺼진다고 하지. 배가 꺼진다는 건 곧바로 다시 배가 고파진다는 뜻일 테니 'It's quick hungry.(금방 배고파져.)'라고 하면 어떨까?

음… 금방 꺼진다는 걸 영어식으로 생각하자면, 배를 채우지 못한다는 뜻이에요. 애초에 배가 부르지 못했다, 배가 충분히 차지 못했다는 개념이죠.

그럼 비어 있다는 뜻이겠네. '비어 있다', '공허하다'란 의미로 'It's empty.(배가 비어 있어요.)'

그걸 조금만 뒤집어 표현하면 되는데… 어떻게 말하면 될까요?

▶▶ 그래서, 타일러가 준비한 표현은?

603

That doesn't really fill me up.

* 해석　그건 나를 채워주지 못해.

Check!

* fill ~ - ~을/를 채우다
* fill me up - 나를 가득 채우다

타일러 Tip

이 표현을 쓸 땐 'fill'을 조금 짧게 발음해야 한다는 걸 기억해야 해요. 길게 끌어서 발음하면 'fill'이 아닌 'feel'로 들리거든요. 그럼 'fill me up'이 아닌 'feel me up'이라 말하는 셈이 되는데, 이건 누군가를 마구 만지고 더듬는 성추행의 의미를 갖는답니다. 그러니 'fill'의 발음을 조심, 또 조심하세요.

604 이가 시려요.

엄마는 아무리 더워도 찬 음식이나 찬물을 안 드세요. 이유를 여쭸더니 찬 걸 드시면 이가 시리다고 하시더군요. '이가 시리다'라는 표현, 영어론 어떻게 하는지 궁금해요!

시리다는 건 차갑다는 거니까 'My teeth are cold. (내 이가 차가워요.)'

'차갑다'에만 초점을 맞출 필요는 없어요. 제가 준비한 영어 표현은 차가운 걸 먹고서 이가 시릴 때는 물론, 뜨거운 걸 먹어서 이가 아플 때에도 사용되거든요.

혹시 'creepy(오싹한, 으스스한)'일까?

아니요. 뭔가가 차갑거나 뜨거울 땐 어떤 반응이 나오죠?

'Woops! My teeth are woops!(이런! 내 이가 이런!)'

힌트를 드릴게요. 타인의 말이나 행동에 감정이 쉽게 움직이는 사람에게 하는 말이 있죠? '너 무척 ○○○○하구나!', '너 오늘 왜 그렇게 ○○○○해!'.

▶▶ 그래서, 타일러가 준비한 표현은?

604

My teeth are sensitive.

* **해석** 나의 치아는 예민해.

Check!

* teeth(tooth의 복수형) - 이, 치아, 이빨
* sensitive - 세심한, 민감한, 예민한

타일러 Tip

'sensitive'는 약간의 자극만 받아도 즉각적으로 큰 반응이 일어날 때 쓰는 단어예요. 새로 장만한 자동차가 브레이크를 살짝만 밟아도 금세 반응하면 'The brakes are sensitive.(브레이크가 예민하네.)'라고 할 수 있는 거죠. 매우 많이 사용되는 단어이니 누군가, 혹은 무언가가 갑작스럽게 강한 반응을 보인다면 '____ is/are sensitive.' 형태의 표현을 꼭 써보세요.

605 감자튀김이 눅눅해.

바로 듣기

식탁 위에 있던 감자튀김을 먹었는데 너무 눅눅하고 맛이 없더라고요. 역시 튀김은 갓 튀겼을 때가 가장 맛있는데 말이죠. '감자튀김이 눅눅하다.'를 영어로는 어떻게 말하나요?

눅눅한 건 축축한 것이기도 하니 '젖어 있다'에 해당하는 표현을 쓰면 어떨까? 'Potato is wet wet wet.(감자가 젖어 있다.)'

'wet'을 쓰려면 비에 젖었을 때 정도로, 즉 시각적으로 인지될 만큼 물기가 많아야 해요. 하지만 오늘의 상황은 그것과 많이 다르니 '촉촉한 느낌'을 중심으로 생각하는 게 좋겠네요.

그럼 'moisture(촉촉한)'을 써서 'Potato is moisture.(감자가 촉촉해요.)'

음… m으로 시작한다는 게 오늘 표현에 들어가는 단어와의 공통점이긴 하네요.

▶▶ 그래서, 타일러가 준비한 표현은?

605

These french fries are mushy.

*** 해석** 감자튀김이 곤죽이 된 느낌이야.

Check!

* french fries - 감자튀김

* mushy - 물컹물컹한 상태의, 눅눅한, 곤죽이 된

타일러 Tip

'mushy'는 촉감이랑 연결된 표현이에요. 손으로 누르면 부드럽게 들어가긴 하는데 뭔가 썩은 것처럼 불쾌한 느낌이 드는 상태를 말하죠.
과일을 예로 생각해보죠. 너무 익어서 썩기 직전에 이른 감을 손가락으로 누르면 어떤 느낌일까요? 물컹하면서도 질퍽해서 좀 찝찝하겠죠? 그 느낌을 나타내는 게 'mushy'랍니다.
- These persimmons are mushy. = 이 감들은 물컹물컹해.

다리가 후덜덜해요.

바로 듣기

얼마 전부터 저는 운동도 할 겸 엘리베이터 대신 계단을 이용하곤 해요. 그런데 8층까지 올라가다 보면 다리가 후덜덜하더라고요. 이 상태를 영어로 어떻게 말하면 좋을지 궁금해요.

'피로'라는 뜻의 'fatigue'란 단어가 있잖아. 'My legs fatigue.(내 다리는 피로해.)'

그런 표현은 쓰지 않아요. 운동을 너무 많이 해서 더 힘을 낼 수 없을 땐 몸이 덜덜 떨리는 느낌이 들죠? 그 상태는 어떻게 표현해야 할까요?

덜덜 떨려? 아, 그럼 'shake'를 써볼게. 'My legs are shake.(내 다리가 덜덜 떨려.)'

좋아요. 그것도 가능하지만 오늘의 상황과 딱 맞는 표현이 하나 더 있어요. 음식에 비유한 표현인데, 한국에도 요거랑 비슷한 음식이 있더라고요. 예를 들면 도토리묵?

▶▶ 그래서, 타일러가 준비한 표현은?

606

My legs feel like jelly.

*** 해석** 내 다리가 젤리 같은 느낌이야.

Check!

* legs - 다리들
* feel like ~ - ~한 느낌이 있다
* jelly - 젤리, 일종의 잼

타일러 Tip

도토리묵을 많이 만들어 쟁반에 담아 나올 때 보면 그 위에서 찰랑찰랑 흔들리는 걸 볼 수 있죠? 오늘의 표현은 내 다리가 마치 그 상태 같다는 걸 나타내줘요. 'feel like jelly' 자체가 오래전부터 사용되어온 표현이니 숙어처럼 외워두시면 좋아요. 또 다리는 두 개라서 '-s'를 붙인 거고요.
참고로, 'Jello(젤로)'라는 디저트가 있어요. 설탕을 끓인 다음 냉장고에 넣어 젤리처럼 굳힌 뒤 먹는 음식이죠. 그래서인지 문장에서 'jelly'가 들어가야 할 자리에 'Jello'를 쓰기도 하는데, 올바른 표현은 'jelly'란 걸 기억해두세요.

607

미리미리 좀 알려주세요.

바로 듣기

저희 부장님은 마감까지 딱 하루만 남은 일을 던져주시곤 해요. 급하다고 하시면서 말이죠. 이럴 때 내지르고 싶은 말, '미리미리 좀 알려주세요!'는 영어로 뭘까요? 배워놨다가 나중에 외쳐봐야겠어요.

'Please let me know ahead.(제발 일찍 나에게 알려주세요.)'

아주아주 좋아요. 맨 뒤의 단어를 조금 수정해야 하지만, 'Please let me know'까지는 매우 좋으니 바꾸지 마세요.

그럼 'Please let me know as soon as possible.(가능한 한 빨리 나에게 알려주세요.)'는 어때? 'as soon as possible'이 '가능한 한 빨리'란 뜻이니 괜찮지?

그것도 좋아요. 근데 그 표현은 어떤 일이 아직 확실히 정해진 상태가 아니라서 '그거 정해지면 알려줘.'라고 일러둘 때 써요. 그러니 미리 좀 알려달라는 오늘 상황과는 조금 다르죠?

▶▶ 그래서, 타일러가 준비한 표현은?

607

Please let me know in advance.

* 해석 사전에 미리 나에게 알려주세요.

Check!

* advance - 전진, 발전, 선금, 선불
* in advance - 미리미리, (어떤 일이) 일어나기 전에

타일러 Tip

위의 설명에서 알 수 있듯, 'advance'는 명사지만 그 앞에 전치사 'in'이 붙으면 '사전에', '미리미리'라는 뜻의 부사가 돼요.
앞서 철업디는 'Please let me know ahead.'라는 문장을 시도했죠? 'ahead'는 '앞으로', '앞에'란 뜻인데, 'in advance' 대신 이 단어를 쓰고 싶다면 그 문장 뒤에 'of time'을 붙여야 해요. 즉, 'in advance'의 자리에 'ahead of time'을 넣어 'Please let me know ahead of time.(시간 전에 알려주세요.)'라 말하는 거죠. 그렇게 하면 오늘의 표현과 동일한 뜻이 된답니다.

빨래가 눅눅해요.

비오는 날엔 빨래가 잘 마르지 않잖아요. 다 말린 후에도 뭔가 눅눅한 느낌이 들어 불쾌해지곤 하고요. 그런 상태를 영어로는 어떻게 표현하나요?

앞에서 '감자튀김이 눅눅해.'라 할 때 'mushy'를 쓴다고 배웠잖아. 그러니까 'The laundry is mushy.(빨래가 눅눅해요.)'

그건 안 돼요! 'mushy'는 뭔가를 꾹 누르거나 만졌을 때 전달되는 촉감을 나타내거든요. 너무 익어 무른 과일의 느낌이라고 설명해드렸잖아요.

음… 그럼 이렇게 해볼까? 빨래가 축축하다는 건 빨래가 'dry'한 상태가 아니란 뜻이니 'The laundry is not dry.(빨래가 건조하지 않아요.)'

그렇게 말하면 '마르지 않은 빨래', 딱 그렇게만 생각되는데요? 눅눅하다는 느낌을 표현하기엔 조금 부족해요.

▶▶ 그래서, 타일러가 준비한 표현은?

608

The laundry is damp.

*** 해석** 빨래가 눅눅해요.

Check!

* laundry - 세탁물, 세탁해 놓은 것들
* damp - 축축한, 눅눅한 상태

타일러 Tip

'damp'는 짰을 때 물이 나오진 않지만 분명히 수분이 남아 있어서 축축하고 눅눅한 상태를 뜻해요.
오늘의 표현에서 주의해야 할 게 하나 있어요. 바로 'laundry' 앞에 'the'라는 관사를 붙여야 한다는 거예요. 'the' 대신 'my', 'your' 등의 소유격이나 'this', 'that'을 붙여도 되고요. 어떤 빨래에 대해 말하고 있는 건지를 영어에선 그런 단어들로 명확히 알려줘야 한답니다. 그냥 'laundry'만 쓰면 문장이 어색해진다는 점을 기억하세요.

609

등 좀 긁어줘.

바로 듣기

결혼하고 보니 등 긁어줄 사람이 있어서 참 좋더군요. 효자손도 괜찮지만 아무래도 사람 손이 최고죠. 남편한테 멋지게 영어로 '등 긁어줘.'라 말해보게 도와주세요. Please~

효자손이나 손으로 등을 긁는 모습은 꼭 갈퀴질하는 것과 비슷하잖아. 그럼 'rake(갈퀴)'라는 단어를 써보는 게 어떨까? 'Would you rake my back?(내 등을 갈퀴질해줄래?)'

와, 'rake'를 아세요? 효자손처럼 생기긴 했죠. 근데 크기가 커서 땅을 고르거나 뭔가를 긁어모을 때 쓰는 도구라 오늘 상황과는 좀 안 맞아요. 또 'Would you ~'는 격식을 차리는 느낌이라 역시 좀 어색하고요. 서로 등 긁어줄 사이면 격식은 필요 없지 않을까요?

아, 그럼 'Can you ~'로 시작하면 되겠네! 근데 '긁다'에 해당하는 단어가 뭐지? 쉬운 거였던 거 같은데 생각이 안 나네.

복권 중에도 있잖아요. 긁는 복권! 한국에선 상처가 났을 때도 이게 생겼다고 표현하던데요?

▶▶ 그래서, 타일러가 준비한 표현은?

609

Can you scratch my back?

*** 해석** 등 좀 긁어줄래?

Check!

* back - 등
* scratch ~ - ~을/를 긁다

타일러 Tip

오늘의 표현은 때때로 은유적인 의미에서 사용되기도 해요.
정말 등을 긁어달라는 게 아니라, 나를 도와달라는 뜻으로요.
실제로 미국에서 사용되는 다음의 표현이 그 예랍니다.

- You scratch my back, I'll scratch yours. = 나한테 좋은 걸 해주면, 나도 좋은 걸 해줄게.

말하자면 'give and take', 상부상조의 의미가 담겨 있는 표현인 거죠.

610

가려워 죽겠어.

바로 듣기

여름에는 캠핑을 자주 다니는데 야외이다 보니 모기에 너무 많이 물리네요. 물린 곳을 긁으면서 '가려워 죽겠어.'란 말을 많이 하게 되는데, 이걸 영어로 배워볼래요.

우선 '죽겠다'란 표현이 뭔진 알 거 같아. 예전에 진미영에서 '보고 싶어 죽겠어.'를 이렇게 말한다고 배웠잖아? 'I'm dying to see you.'

아, 그 표현은 오늘 상황과 안 어울려요. 'I'm dying to ~'는 '~하고 싶다'의 느낌이 강하거든요. 그래서 보고 싶어 죽겠다거나 먹고 싶어 죽겠다고 말하고 싶을 때 쓰죠.

그럼 'very'를 써서 'I'm very itchy.(나는 아주 가려워요.)'라고 하면 어때?

오, 'itchy(가려운, 가렵게 하는)'를 아시네요? 나쁘진 않은데, 오늘의 상황에선 모기 물린 곳이 가렵다는 거잖아요. 그걸 살려보세요.

▶▶ 그래서, 타일러가 준비한 표현은?

610

It's so itchy.

* **해석** 너무 가려워요.

Check!

* so - (강조) 너무
* itchy - 가려운

타일러 Tip

오늘의 표현을 실제로 말할 땐 'so'에 악센트를 줘보세요. 그렇게 세게 강조하면 '~해서 죽겠다'란 느낌이 확 전해지거든요.
이 표현에서의 'it'은 모기 물린 곳을 지칭해요. 보다 정확하게 표현하고 싶다면 'My bug bites are so itchy.(벌레 물린 곳이 너무 가려워요.)'라 할 수 있죠. 만약 벌레 물린 곳이 엄청나게 많아서 몸 전체가 가렵다면 'I'm so itchy.(난 너무 가려워요.)'라고 하는 게 자연스러워요.

머리가 띵해요.

바로 듣기

차가운 얼음이나 아이스크림을 갑자기 먹으면 전 머리가 띵해져서 15초 정도는 아무것도 못 한 채 고통스러워해요. '머리가 띵하다.'는 영어로 어떻게 말하나요?

얼얼하고 감각이 없는 상태를 'numb'이라고 하던데? 'My head is numb.(내 머리가 얼얼해.)'

좋은 시도였어요. 차가운 걸 먹자마자 쓸 수 있는 표현이라면 어떤 것이든 어울릴 텐데, 오늘의 표현은 그리 어렵지 않으니 조금만 더 도전해보세요.

'My head is frozen!(내 머리가 얼었어!)'

굉장히 좋고 의미도 통할 표현이네요. 근데 영어에선 이런 상황에서 꼭 쓰는 관용적 표현이 있어요. 'head'와 'frozen'의 자리에 그것들과 비슷한 다른 단어가 각각 들어가죠.

▶▶ 그래서, 타일러가 준비한 표현은?

611

Brain freeze!

* **해석** 뇌가 얼었어!

Check!

* brain - 뇌, 골
* freeze - 얼다, 얼리다

타일러 Tip

위 표현은 'I have brain freeze.'라는 문장으로 쓰셔도 좋아요. 근데 차가운 음식을 먹는 순간 곧바로 튀어나오는 말이라서 'Oh! Brain freeze!'와 같이 감탄사처럼 쓸 때가 훨씬 많죠.

612

담당자를 불러드릴게요.

제가 알바하고 있는 관공서엔 외국인들이 많이 와요. 근데 영어가 가능한 직원이 자리를 비웠을 경우 꼭 그분들께 해야 하는 말이 있잖아요. 바로 '담당자 불러드릴게요.'라는 표현이요. 이 표현을 배워서 고객들에게 직접 이야기하고 싶어요.

담당자를 '불러주겠다'는 거니까 'call'을 넣어볼게. 'I will call the person in charge.(제가 담당자를 불러드릴게요.)' 어때?

좋긴 한데, 그건 '전화를 걸어주겠다.'로 해석돼요. '불러주다'와는 완전 다른 의미가 되죠?

그럼 'call' 대신 'ask'를 넣어보는 건 어떨까? 'I will ask the person in charge.'

'ask'는 물어본다는 뜻이죠? 그래서 그렇게 말하면 '당신 대신 제가 담당자에게 물어봐드릴게요.'의 뜻으로 전달돼요. 그 사람은 담당자와 직접 소통하지 못한다는 의미인 거죠. 'ask'와 'call'의 자리에 우리가 자주 쓰는 동사를 한번 넣어보세요.

▶▶ 그래서, 타일러가 준비한 표현은?

612

Let me get someone who can help you.

*** 해석** 담당자를 불러드릴게요.

Check!

* let me ~ - (공손한 표현) 내가 ~하겠다
* someone - 어떤 사람, 누구, 중요한 사람

타일러 Tip

오늘 상황의 무대는 관공서죠? 고객을 향한 말투가 어울리는 장소이니 'I will'보다는 'Let me'를 쓰는 편이 좋아요.
또 영어에선 한국어의 '담당자'와 같은 직접적인 표현을 쓰지 않아요. 그래서 'person in charge'라는 표현 대신 'someone', 즉 당신을 도울 누군가를 데려오겠다고 한 거랍니다.

613

가격 비교하고 싼 걸 사.

바로 듣기

알뜰한 제 동생은 쇼핑할 때에도 엄청 신중하지만 저는 완전 반대예요. 그래서 동생이 '가격 비교하고 싼 걸 사.'라는 잔소리를 저한테 자주 하죠. 그 말을 영어로는 어떻게 하나요?

가격을 비교하는 게 먼저니 'compare(비교하다)'가 들어가야겠지? 'Compare with the price and then buy cheaper that.(가격을 비교한 다음 더 싼 걸 사.)'

와, 필요한 단어가 다 나왔네요. 조금만 다듬으면 될 거 같아요. 근데 오늘의 상황에선 뭘 비교하는 걸까요?

가격?

그럼 'price' 앞의 'with the'는 필요 없을 거 같고, 'price'를 복수형으로 바꿔야 하지 않을까요? 또 더 싼 것을 사는 거니 'cheaper that'이란 표현도 그에 맞게 고치면 좋겠네요.

▶▶ 그래서, 타일러가 준비한 표현은?

613

Compare prices and buy the cheaper one.

* **해석** 가격 비교하고 싼 걸로 사.

Check!

* compare ~ - ~을/를 비교하다
* cheaper(cheap의 비교급) - 값이 더 싼

타일러 Tip

오늘의 표현은 하나 이상의 물건 값을 비교해서 더 좋은 선택을 해야 할 때 정말 많이 써요. 비교를 하려면 대상이 반드시 하나보다 많아야겠죠? 그러니 비교 대상에 해당하는 명사엔 반드시 복수형을 나타내는 '-s'가 붙어야 한다는 걸 잊지 마세요. 오늘의 표현에선 'price'가 여기에 해당해요.

- Compare locations and go to the better place. = 위치를 비교하고 더 좋은 곳으로 가.
- Compare sizes and buy the bigger one. = 크기를 비교하고 더 큰 걸로 사.

614

빨래에서 냄새 나.

바로 듣기

빨래 후에 자연 건조를 잘못 시키면 이상한 냄새가 나곤 하잖아요. 쿰쿰하고 찝찝한 냄새 말이에요. 빨래에서 그런 냄새가 난다는 걸 영어로는 어떻게 표현하나요?

냄새가 나는 거니 'smells'가 들어가야겠지? 'It's smells something from the laundry.(빨래에서 뭔가 냄새가 나.)'

'something'보다는 좀 더 구체적인 표현을 써야 할 것 같은데요? 다시 도전해보세요.

'It's smells so bad from the laundry.(빨래로부터 나쁜 냄새가 나.)'

나쁘다기보단 뭔지 모를 수상한 냄새가 나는 거잖아요? 그 방향으로 생각해보세요.

수상하다고? 그럼 'strange'인가? 아님 'fishy'?

정답에 아주 가까워졌어요. 사실 정말 쉬운 단어인데….

▶▶ 그래서, 타일러가 준비한 표현은?

614

The laundry smells funny.

* **해석** 빨래에서 이상한 냄새가 나.

Check!

* smell - 냄새, 냄새를 풍기다
* funny - 이상하다, 엉뚱하다

타일러 Tip

'funny'라고 하면 한국인들은 흔히 '재밌다', '웃기다'란 뜻을 떠올리는데, 사실 이 단어는 뭔가 이상하거나 엉뚱하게 여겨질 때에도 많이 사용돼요. 예를 들어 음식이 분명 상한 건 아닌데 맛이 좀 이상하다거나, 누군가의 행동이 이상해 보이는 경우에 말이죠. 그러니 그런 상황을 접하면 'funny'를 한번 활용해보세요.

- It tastes funny. = 그거 맛이 이상해.
- You're acting funny. = 너 행동이 이상해.

모든 공을 동료들에게 돌리고 싶어요.

바로 듣기

얼마 전 회사에서 우수사원상을 받았어요. 흔히 소감으로 '모든 공을 동료들에게 돌리고 싶어요.'라고 하는데, 저도 고마운 마음을 제 동료들에게 영어로 표현하고 싶어요.

아주 간단하게 'Thanks to my company.(회사 덕분이에요.)'라고 하면 어때?

'company'는 '회사'란 뜻이니 동료를 뜻하는 단어로 바꿔야겠죠? 그러고 보니 그 단어도 c로 시작하네요. 또 동료'들'에게 돌리고 싶은 거니 그 단어 뒤엔 복수형을 나타내는 '-s'를 붙여야 할 테고요.

생각났다! 'colleague'! 거기에 '-s'를 붙이면 'colleagues'네! 'Thanks to my colleagues!(동료들 덕분이에요.)'

좋아요. 근데 '모든 공을 돌리고 싶다'는 어떻게 표현해야 할까요? 그에 맞는 단어를 떠올려봐야 할 거 같네요.

▶▶ 그래서, 타일러가 준비한 표현은?

615

My colleagues deserve all the credit.

* **해석** 나의 동료들은 모든 공을 받을 자격이 있어요.

Check!

* colleagues - 동료들
* deserve ~ - ~을/를 받을 가치(혹은 자격)가 있다
* credit - 공(功), 신용, 인정

타일러 Tip

'credit'은 대개 신용이란 뜻으로 사용되죠. 하지만 그 외에 '대중으로부터 인정받은 공', '대중적 인정'이란 의미도 있어요. 'take credit for ~'은 '~에 대한 공을 가져가다'란 뜻의 숙어예요. 신용카드(credit card) 역시 돈을 갚을 만한 능력을 인정받아 발급받는 카드라고 생각하면 쉬워요.

복습하기

601 ~ 615

- 넌 좀 혼나야 돼.
- 날씨가 후텁지근해요.
- 그건 배가 너무 금방 꺼져.
- 이가 시려요.
- 감자튀김이 눅눅해.
- 다리가 후덜덜해요.
- 미리미리 좀 알려주세요.
- 빨래가 눅눅해요.
- 등 좀 긁어줘.
- 가려워 죽겠어.
- 머리가 띵해요.
- 담당자를 불러드릴게요.
- 가격 비교하고 싼 걸 사.
- 빨래에서 냄새 나.
- 모든 공을 동료들에게 돌리고 싶어요.

복습하기 601 ~ 615

- I think you might need a talking-to.
- It's hotter than Hades.
- That doesn't really fill me up.
- My teeth are sensitive.
- These french fries are mushy.
- My legs feel like jelly.
- Please let me know in advance.
- The laundry is damp.
- Can you scratch my back?
- It's so itchy.
- Brain freeze!
- Let me get someone who can help you.
- Compare prices and buy the cheaper one.
- The laundry smells funny.
- My colleagues deserve all the credit.

다리에 쥐났어.

바로 듣기

회사에서 같은 자세로 오래 앉아 일하다 보니 다리에 자주 쥐가 나는데, 주물러도 쉽게 풀리지 않네요. 다리 근육에 경련이 날 때 쓰는 말, '다리에 쥐났어.'는 영어로 뭐예요?

다리에 쥐가 나면 움직이질 못하잖아. 그러니까 'My legs are breaking down.(다리가 고장 날 거 같아.)' 아니면 'My legs are not moving.(다리가 움직여지지 않아.)'가 어떨까?

'breaking down'이나 'not moving'은 좀 어색한 표현이네요.

쥐가 났다는 건 근육이 경련한다는 거니… 'cramp'란 단어를 써볼까?

'cramp'는 사용 범위가 넓은 단어예요. 근육이 경직되는 느낌이 들 때보다는 막 달리다가 옆구리가 쑤실 때나 위경련이 났을 때 쓰죠. 영어에는 '쥐가 나다'에 해당하는 재밌는 관용 표현이 있어요.

▶▶ 그래서, 타일러가 준비한 표현은?

616

I got a charley horse.

* **해석** 나는 찰리 말이 된 거 같아.

Check!

* charley - 찰리(이름)
* horse - 말

타일러 Tip

‘쥐가 나다’에 해당하는 ‘charley horse’는 야구에서 나온 표현인데, 그 유래에 대해선 두 가지 설이 있어요. 하나는 근육이 경직돼서 투수의 공을 못 친 어느 야구 선수의 이름에서 따왔다는 설이에요. 다른 하나는 뭐냐 하면, 예전 야구장에선 말들이 수레를 끌고 나와 공연을 하곤 했대요. 원래 그 말들은 경주마였지만 근육 경련 때문에 더 이상 경주가 불가능해지자 공연에 활용되었고, 그런 말들을 ‘charley horse’로 통칭한 데서 비롯되었다는 게 두 번째 설이에요.

참고로 이 표현은 쥐가 난 순간에 감탄사처럼 쓸 수 있다는 점도 알아두세요. ‘Oh! Charley horse!’처럼요.

617

속았지롱~

바로 듣기

청소하고 있는데 아이가 큰 소리로 '아빠! 나 피 나!' 하더라고요. 놀라서 달려갔더니 요 녀석이 '속았지롱~' 하는 거 있죠? 귀여운 양치기소년 제 아들이 한 말을 영어로는 어떻게 하는지 궁금합니다.

'I lied to you.(내가 당신에게 거짓말을 했어요.)'

거짓말인 건 맞지만 'lie'를 쓰면 느낌이 훨씬 무거워져요. 마치 자기 잘못을 고백하는 느낌으로요.

'속이다'라는 뜻의 또 다른 단어 'deceive'를 쓰면 어떨까? 'I was deceive you.(내가 당신을 속였어요.)'

'deceive'의 '속이다'는 '사기 치다'에 가까워요. 어떤 큰 목적을 이루기 위해 계획적으로 속이는 거니까요. 오늘 상황에선 아이가 하는 말이니 쉽게 생각해보세요.

아, 아이들이 술래잡기하다가 누군가를 발견하면 '딱 걸렸다!' 하던데 그 표현을 한번 써볼까? 'I got you!'

거의 다 왔어요! 그걸 줄이면 돼요!

▶▶ 그래서, 타일러가 준비한 표현은?

617

Gotcha.

* **해석** 딱 걸렸어!

Check!

* Gotcha - 잡았다, 이해했다

타일러 Tip

'Gotcha.'는 'I got you.'를 일부 사람들이 발음하는 대로 쓴 거예요. 많이 사용되는 표현인데 그 의미는 상황에 따라 조금씩 달라져요. 오늘의 표현처럼 '딱 걸렸어!'의 뜻일 때도 있고, 다음과 같은 의미들도 있으니 알아두세요.

A : Do you understand what I'm saying?(무슨 말인지 이해했어?)

B : Yeah, I got you.(응, 이해했어.)

A : I'm having a hard time these days.(나 요즘 힘들어.)

B : I got you.(내가 있잖아. = 응원할게.)

618

추워서 몸이 덜덜 떨려.

칼바람이 불던 날, 딸이 짧은 치마를 입고 나가려 하기에 한소리 했는데 듣는 척도 안 하더라고요. 근데 귀가하자마자 오들오들 떨면서 '추워서 몸이 덜덜 떨려.' 하더군요. 이 표현을 영어로는 어떻게 하나요?

'freezing(꽁꽁 얼게, 너무 추운)'을 쓰면 어때? 'I'm freezing to death.(얼어 죽겠어.)'

오! 정답으로 쳐도 될 정도로 좋은 표현이네요. 근데 오늘 제가 준비한 건 미국 남부 사람들이 자주 쓰는 표현이에요.

'I feel like I'm in Alaska.(알래스카에 있는 느낌이야.)'

재밌는 표현이긴 한데, 'shaking'을 넣어서 다시 한번 문장을 만들어보면 어떨까요?

▶▶ 그래서, 타일러가 준비한 표현은?

618

I’m shaking like a leaf.

* **해석** 나는 나뭇잎처럼 떨려.

Check!

* shake - 흔들리다, 떨리다
* leaf - 나뭇잎

타일러 Tip

영어권 사람들은 자신의 감정 상태를 이야기할 때 비유적 표현을 많이 써요. ‘나는 ~처럼 어떠어떠하다’라고 말하는 거죠. 그래서 너무너무 추울 때에도 오늘의 표현을 사용해요. ‘나는 나뭇잎처럼 떨려.’라고 하면 ‘나는 너무 추워.’ 같은 표현보다 시적인 느낌이 들지 않나요?^^

619

못 알아볼 뻔했어요.

바로 듣기

3개월 휴직했던 직원이 살을 확 빼고 돌아왔어요. 무려 8킬로그램이나 감량해서 그런지 너무 변해서 못 알아보겠더라고요. 이럴 때 하는 말인 '못 알아볼 뻔했어요.'가 영어로 뭔지 궁금해요!

'I wouldn't have noticed you.(나는 널 인식하지 못했어.)'

'notice'가 '인식하다', '알아채다'란 뜻이긴 하죠. 근데 오늘 같은 상황에서 쓰는 미국식 표현은 아니라서 좀 어색해요.

'recognize'도 그거랑 같은 뜻이니 그걸 써볼까? 'I couldn't recognize you.(나는 너를 알아챌 수 없었어.)'

오, 'recognize'를 생각해내셨네요. 매우 좋아요! 그 단어를 넣어서 문장을 좀 고쳐볼까요?

▶▶ 그래서, 타일러가 준비한 표현은?

619

I almost didn't recognize you.

* **해석** 나는 당신을 거의 못 알아볼 뻔했어요.

Check!

* almost - 거의
* recognize ~ - ~을/를 알아보다

타일러 Tip

'~ㄹ/을 뻔했다'를 살려서 문장을 만들려면 일단 과거형의 문장이 되어야겠죠? 한국어로도 '~ㄹ/을 뻔해요'라는 현재형으로 말하진 않으니까요. 오늘의 상황에선 '못' 알아볼 뻔했다고 말해야 하기 때문에 'did not', 즉 'didn't'를 앞에 붙여준 거랍니다.

뒤척이지 좀 마!

남편이 뭔가 고민이 있는지, 침대에 누워서 자꾸 뒤척이더라고요. 옆에서 자꾸 그러니까 저까지 잠을 못 자겠어서 소리를 빽 질렀어요. '뒤척이지 좀 마!' 이 표현은 영어로 어떻게 말하나요?

뒤척인다는 건 잠자리에서 몸을 이리저리 움직이는 거잖아? 'Stop tossing and turning.(몸을 던지고 돌리지 마.)'

아주 좋아요! 팡파레 울릴 만한 표현인걸요? 근데 지금 내 옆에 있는 상대에겐 그 표현을 자주 쓰지 않아요. '내가 너 때문에 잠을 설쳤다.'란 말을 해주고 싶을 때 그 문장을 과거형으로 바꿔서 쓰죠.

그럼 'Stop sleep paralysis.(가위 눌리는 거 멈춰.)'는 어떨까?

'paralysis'는 '마비'라는 뜻인데, 가위에 눌려 몸을 못 움직이는 상태일 때 쓰는 단어예요. 조금 쉬운 단어로 다시 생각해보세요.

▶▶ 그래서, 타일러가 준비한 표현은?

620

Stop moving around.

* **해석** 돌아다니지 마.

Check!

* moving - 움직이기
* around - 사방에, 빙 둘러

타일러 Tip

어렸을 때, 악몽을 꾸고 엄마 침대로 가서 같이 잔 적이 있어요. 근데 제가 잘 잠들지 못하고 뒤척이면서 움직이니 엄마도 깊이 주무실 수가 없었죠. 그때 엄마가 제게 하셨던 한마디가 바로 오늘의 표현이랍니다. 실제로도 정말 많이 쓰니 잘 기억해두었다가 사용해보세요.

621

나 기절하는 줄 알았어.

제 남편은 장난이 좀 심해요. '바퀴벌레다. 피해!' 같은 장난을 수시로 치는데 전 정말 기절할 거 같아요. 제 기분인 '나 기절하는 줄 알았어.'는 영어로 뭘까요?

'I feel like coma.(나 혼수상태 같아.)'

'coma'는 혼수상태란 뜻이죠? 이건 놀랐을 때가 아니라 피곤하거나 늘어지는 상황에 어울리는 단어예요. 예전에 진미영에서 'food coma(식곤증)'도 배웠잖아요.

그럼… 'I thought I am dead.(나 죽는 줄 알았어.)'

나쁘지 않아요. 다만 'I thought I was gonna die.'라고 하는 편이 훨씬 자연스럽겠네요.

▶▶ 그래서, 타일러가 준비한 표현은?

621

I almost fainted.

* **해석** 나 기절할 뻔했어.

Check!

* almost - 거의
* fainted - 실신하다, 의식을 잃다

타일러 Tip

사실 기절할 정도로 크게 놀랐다면 오늘의 표현보다 더 공격적인 걸 쓸 수도 있어요. 바로 'Don't do that! XXXXXXX!'(하지 마! XXXX야!)예요. XXXXXXX 자리에는 생각나는 온갖 욕설을 넣을 수 있겠죠?^^

622 나 게으름 피웠어.

전 새벽마다 운동을 나가는데, 요 며칠은 날도 춥고 귀찮은 데다 졸려서 안 갔어요. 근데 딸이 '나도 학원 안 갈래.' 하는 바람에 정신이 번쩍 들었죠. '나 게으름 피웠어.'를 영어로 배우면서 정신 차릴래요.

우선 간단하게 시도해볼게. 'I enjoyed my laziness. (나는 나의 게으름을 즐겼어.)'

게으름을 즐겼다고요? 너무 어색한데요? 그렇게 말하면 아마 미국인은 절대 이해 못할 거예요. 오늘 사연의 핵심은 춥고 귀찮고 졸려서 운동을 안 나갔다는 거잖아요. 거기에 중점을 두면 어떨까요?

안 나가고 싶을 정도로 졸렸다는 거니까 이건 어떨까? 'I wanna sleep more.(더 자고 싶어.)'

잠에 중점을 둔 표현이란 점에선 미국식 영어가 맞는데, 제가 준비한 표현은 아니네요.

▶▶ 그래서, 타일러가 준비한 표현은?

622

I slept in.

* **해석** 늦잠을 잤어요.

Check!

* slept(sleep의 과거형) - 잤다

타일러 Tip

'sleep'은 '잠자다'란 동사지만, 오늘의 표현에서처럼 그 뒤에 'in'을 붙이면 '잠자는 시간이 길어지다'란 의미가 돼요. 이불 안에서 안 나오고 미적대면서 게으름을 피운다는 뜻인 거죠. 참고로, 'sleep' 뒤에 'over'를 붙인 'sleep over'는 다른 사람의 집에서 잤다는 뜻이라는 것도 알아두세요.

- You should sleep over. = 우리 집에서 자고 가요.

623 제가 결정할 수 있는 일이 아닙니다.

회사생활을 하다 보면 막무가내로 하소연하는 거래처나 고객과 마주할 일이 종종 생기죠. 그런 경우에 전 '제가 결정할 수 있는 일이 아닙니다.'라는 말을 정말 자주 하는데, 영어로는 어떻게 표현하면 되는지 가르쳐주세요.

내가 결정할 수 없는 일이라는 건 다시 말해 내 일이 아니란 뜻도 되겠지? 'It's not my job.(내 일이 아니에요.)'

오늘의 표현은 거래처와 고객에게 하는 말이어야 하잖아요. 근데 그렇게 말하면 고객이 엄청 화낼걸요? '네 일이 아니면 회사는 왜 다니는 거야?'라 물어보고 싶어지기도 하고요.

'책임지고 있는'이라는 뜻의 'responsible'을 써서… 'It's not my responsible.(그건 내 책임이 아니에요.)'

그 말은 책임을 회피하는 느낌을 주네요. '내겐 권한이 없어요.'에 해당하는 표현이 들어가면 좋겠어요.

▶▶ 그래서, 타일러가 준비한 표현은?

623

That's not in my purview.

*** 해석** 그건 내 권한이 아닙니다.

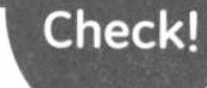

* purview - 범위, 맡은 영역/업무범위

타일러 Tip

오늘의 표현에서 'That'은 고객이 부탁한 상황이나 내용을 가리켜요. 그래서 전체 문장은 '그건 나의 'purview' 안에 있지 않다.' 즉, 나의 업무범위에 속하는 일이 아니라는 의미가 되죠. 진미영에서 이전에도 몇 번 알려드린 것처럼, 미국 문화에선 '내 일이 아니에요.'라고 직설적으로 말하지 않아요. 그보다는 오늘의 표현이 그렇듯 '그건 제 업무범위 밖의 일이에요.', 혹은 '그 일을 해결할 수 있는 사람과 연결해드릴 테니 잠시 기다려주세요.'라는 간접적인 표현으로 응대하죠.

624 당신 시선이 너무 따가워.

바로 듣기

아내 몰래 야식으로 라면을 끓여 먹고 있다 들켜버렸어요. 소리를 빽 지르면서 쳐다보는 아내의 시선이 너무 날카로워 그만 움찔했네요. '당신 시선이 너무 따가워.'는 영어로 어떻게 말해야 할까요?

째려보고 있는 거잖아? 'You're eyes a too strong. (당신의 눈이 너무 강해.)'

힌트 먼저 드릴게요. 오늘 제가 준비한 표현은 'you'가 아닌 다른 인칭대명사로 시작해요. 그걸 참고해서 다시 도전해보세요.

아내가 나를 그렇게 째려본다는 건 내가 죄책감을 느낀다는 뜻이기도 하지 않을까? 'I feel guilty.(나는 죄책감을 느껴.)'

괜찮네요. 'I feel guilty.' 대신 'You got me!(너한테 들켜버렸네!)'라 해도 좋을 것 같고요. 근데 상대방의 시선이 따가웠다는 의미는 이 문장들 안에 없죠?

▶▶ 그래서, 타일러가 준비한 표현은?

624

She glared at me.

* **해석** 그녀가 나를 째려봤어.

Check!

* glared(glare의 과거형) - 노려봤다, 째려봤다

타일러 Tip

앞서 말했듯 제가 오늘 준비한 표현은 나를 째려보는 그 사람이 아닌 제3자에게 그 이야기를 하려 할 때 써요. 지금 나를 노려보고 있는 사람에게 굳이 '당신 시선이 따가워.'라고 말하진 않을 것 같거든요. 만약 바로 그 사람에게 말하고 싶다면 'Stop glaring at me.(째려보지 마.)'라고 하는 편이 자연스럽겠죠.

참는 것도 이제 한계에 다다랐어.

언니가 저한테 말도 안 하고 제 옷을 몰래몰래 자꾸 훔쳐 입어서 화가 머리끝까지 난 상태예요. '참는 것도 이제 한계에 다다랐다고!'라는 영어로 한소리 해주고 싶어요.

화가 많이 난 상태잖아? 'My angry is limited.(내 화는 한계가 있다.)'라고 할까? 아님 'I'm explode(나는 폭발한다.)'라 해야 하려나?

'explode'를 쓰는 쪽이 좀 더 맞긴 해요. 폭발할 거 같은 느낌이 전달되니까요. 근데 조금만 더 다르게 바꾼다면요?

화가 머리까지 올라왔다고 하니… 'I'm a airhead.'는 어떨까?

'airhead'는 바보, 멍청이란 뜻이에요. 머리가 비어 있다는 거니까요.

▶▶ 그래서, 타일러가 준비한 표현은?

625

I've had it.

*** 해석** 참을 만큼 참았어.

Check!

* have had it - 더 이상 참을 수 없다, 신물이 난다, 완전히 지쳤다

타일러 Tip

오늘의 표현인 'I've had it.'은 사실 뒷말이 생략된 문장이에요. 생략된 부분을 다 살린 문장은 'I've had it up to here.(난 여기까지 차올랐어.)'죠. 그리고 'here'이라고 말할 때는 보통 턱, 눈, 머리 등을 가리키는 손짓을 더해서 느낌을 강조하곤 해요. 'I've had it.'은 오늘의 상황에서처럼 더 이상 뭔가를 참을 수 없을 때, 혹은 누군가에게 어떤 행동을 그만하라고 말할 때 정말 자주 쓰는 표현이니 잘 기억해두세요.

- I've had it. I'm quitting this job. = 더 이상 못 참겠어. 이 일 그만둘 거야.

626

엄살 피우지 마.

전 치아가 좋지 않아서 치과를 자주 다녀요. 갈 때마다 무서워서 아내한테 징징대곤 하는데, 얼마 전엔 아내가 따끔하게 '엄살 피우지 마.'라고 한마디 하더라고요. 이 말, 영어로는 뭘까요?

'exaggerate(과장하다)'란 단어를 써서 시도해볼까?
'Do not exaggerate it.(과장하지 마세요.)'

글쎄요. 엄살 피우고 있는 누군가에게 그렇게 말하진 않을 거 같아요.

'Don't overdo it.(무리하지/오버하지 마세요.)'은 어때?

너무 복잡하게 생각하시는 거 아니에요? 상황을 떠올리면 좀 더 쉽게 문장을 만들 수 있을 것 같은데….

▶▶ 그래서, 타일러가 준비한 표현은?

626

Don't be such a cry baby.

* **해석** 징징대지 마세요.

Check!

* such - 앞서 이미 언급한, 그러한
* cry - 울다
* baby - 아기

타일러 Tip

'cry baby'는 모든 일에 징징대는 사람, 엄살이 많은 사람을 지칭하는 표현이에요. 꼭 아이가 아니더라도, 그러니까 엄살을 부리는 사람이라면 남녀노소를 불문하고 모두에게 쓸 수 있는 표현이죠. 'cry baby'라는 말 자체를 그냥 숙어로 기억해두시면 좋아요.

627

귀에서 피 날 것 같아.

제 아내는 잔소리가 너무 심해요. 어떨 땐 듣고 있기가 너무 힘들어 '귀에서 피 날 거 같아!'라고 외치고 싶은데, 진짜 미국식 영어로는 뭐라고 하나요?

잔소리가 너무 심한 사람에겐 'Stop nagging me!(잔소리 좀 그만해!)'라 한다고 배웠던 기억이 나네.

그 표현도 좋지만 오늘의 상황에 맞춰 조금 다른 표현을 생각해보세요.

글자 그대로 바꿔볼까? 'Feel like my ears are bleeding.(귀에서 피가 나는 거 같아요.)'

한국어를 알면 이해 가능하겠네요. 근데 영어권 사람들은 엄청 큰 소리를 들은 상황으로 이해할 거예요. 콘서트에 갔는데 음향이 너무 커서 힘들 때 어울릴 만한 표현이거든요.

그럼 'Stop speaking!(말하지 마!)'

'speaking'을 낮잡아서 표현하면 뭘지 생각해볼까요?

▶▶ 그래서, 타일러가 준비한 표현은?

627

Stop barking at me.

＊해석 나한테 그만 짖어.

Check!

＊barking - (잘) 짖는, 정신이 이상한

타일러 Tip

개가 '짖는다'의 뜻인 'barking'은 누군가에게 '이거 해! 저것도 하고!' 하며 계속 잔소리하는 걸 의미해요. 누군가에게 시끄럽고 귀찮은 잔소리를 듣게 되어 짜증 날 때 이 표현을 씁니다. 다만, 사람의 목소리를 개 짖는 소리로 표현하는 건 어감이 안 좋을 수 있으니 유의해서 사용하세요.

628 자다가 업어 가도 모르겠네.

저한텐 아이가 셋 있는데요, 하루 종일 열정적으로 놀다가 저녁 8시면 잠에 빠져드는 아이들을 볼 때마다 저절로 이런 말이 나와요. '자다가 업어 가도 모르겠네.' 영어로는 어떻게 할까요?

자다가 업어 가도 모른다는 건 그만큼 푹 자고 있다는 거잖아? 'You sleep like a baby.(당신은 아기처럼 잔다.)'

나쁘지 않은 표현이네요. 꽤 괜찮아요.

가만히 자는 모습을 'log(통나무)'에 비유해볼 수도 있지 않을까? 'You sleep like a log.(당신은 통나무처럼 잔다.)'

어색하고 처음 들어보는 표현이라 안 되겠는데요? 그리고 오늘의 표현은 아이들을 두고 하는 말이니 'they'가 주어인 문장으로 만들어보는 게 좋을 것 같아요.

▶▶ 그래서, 타일러가 준비한 표현은?

628

They're out like a light.

* **해석** 그들은 불이 꺼진 거 같아.

Check!

* out - 밖으로
* light - 불빛

타일러 Tip

아주 깊은 잠에 빠져 있는 사람을 보면 영어에선 오늘의 표현처럼 '불이 꺼져 있는 것 같다.'라고 해요. 'be out like a light'는 비유적 표현이라 한 덩어리로 외워두시는 게 좋아요. 깊이 잠든 대상이 나 자신일 땐 'I was out like a light. (나 불 꺼지듯 바로 잠들었어.)'라는 과거형으로 표현해야겠죠?

맨땅에 헤딩하기

바로 듣기

잘 다니던 회사를 그만두고 커피숍을 차리기로 결심했더니 엄마가 걱정을 많이 하시더라고요. 근데 인생 뭐 있나요? 가끔은 맨땅에 헤딩도 해보는 거죠. 영어에도 '맨땅에 헤딩하기'란 표현이 있을까요?

맨땅에 헤딩을 한다는 건 무모한 일에 도전하는 거잖아? 'Nice try but fail.(좋은 시도지만 실패했어.)'

어? 그건 결과에 집중한 문장이잖아요. 포인트는 결과 자체가 아니라 한 번도 해보지 않은 일을 시도해본다는 거에 맞춰져야겠죠. 힌트를 드리자면 영어권에서는 '그 일에 뛰어들다', '그 일에 퐁당 빠지다'란 의미의 표현을 써요.

'Jump into the sea.(바다에 뛰어든다.)' 같은 건가?

맞아요. 그 방향이에요!

▶▶ 그래서, 타일러가 준비한 표현은?

629

Jump in the deep end.

* **해석** 수심 깊은 곳에서 뛰어내리세요.

Check!

* jump - 점프하다
* deep end - 수심이 깊은 쪽

타일러 Tip

수영장에서 수심이 깊은 쪽은 'deep end', 얕은 쪽은 'shallow end'라고 해요. 어떤 새로운 일에 무작정 도전한다는 건 수심 깊은 곳에서부터 시작하는 거랑 같잖아요. 그래서 오늘의 표현이 나왔답니다.

630 와~ 정말 막상막하네!

바로 듣기

아들이랑 축구 경기를 보는데 두 팀의 실력이 승부를 가리기 힘들 정도로 비슷비슷하더라고요. '와~ 정말 막상막하네!'란 말이 절로 나왔는데, 영어로는 뭐라고 하나요?

실력이 비슷비슷하다는 거니 'There is no difference.(차이가 없다.)'

그 표현은 어떤 두 대상이 비슷해서 거의 차이가 없을 때 써요. 예를 들어 노래 두 곡이 비슷하다거나 할 때죠. 하지만 이기고 지는 스포츠에 관련된 상황에선 그 표현을 쓰지 않아요.

그럼 스포츠에서 엎치락뒤치락하는 거니까 'They are rival.(라이벌이야.)'

그건 그냥 경쟁 관계를 뜻하는 거라 어색하죠. 오늘의 표현은 경마에서 유래된 거예요.

▶▶ 그래서, 타일러가 준비한 표현은?

630

Wow, it's really neck and neck!

* **해석** 와, 진짜 막상막하네!

Check!

* really - 진짜로, 정말로, 아주
* neck and neck - 목 하나의 차이

타일러 Tip

경마 경기를 보면 말들이 앞서거니 뒤서거니 하곤 하죠. 두 말이 선두를 다투고 있는 상황을 상상해볼까요? 둘 중 앞서 있는 말의 목이 먼저 보이다가도, 뒤따라온 말이 그 말을 따라잡고 앞으로 달려 나가면 그 말의 목이 눈에 들어오겠죠. 오늘의 표현은 이처럼 누가 이길지 모르는 막상막하의 상황을 두고 사용돼요.

- The two runners were neck and neck as they approached the finish line. = 두 주자는 결승선에 도달할 때까지 막상막하였다.

복습하기

- 다리에 쥐났어.
- 속았지롱~
- 추워서 몸이 덜덜 떨려.
- 못 알아볼 뻔했어요.
- 뒤척이지 좀 마!
- 나 기절하는 줄 알았어.
- 나 게으름 피웠어.
- 제가 결정할 수 있는 일이 아닙니다.
- 당신 시선이 너무 따가워.
- 참는 것도 이제 한계에 다다랐어.
- 엄살 피우지 마.
- 귀에서 피 날 것 같아.
- 자다가 업어 가도 모르겠네.
- 맨땅에 헤딩하기
- 와~ 정말 막상막하네!

복습하기

- I got a charley horse.
- Gotcha.
- I'm shaking like a leaf.
- I almost didn't recognize you.
- Stop moving around.
- I almost fainted.
- I slept in.
- That's not in my purview.
- She glared at me.
- I've had it.
- Don't be such a cry baby.
- Stop barking at me.
- They're out like a light.
- Jump in the deep end.
- Wow, it's really neck and neck!

631

넘칠락 말락 해.

욕조에 물을 틀어놓고선 인터넷 삼매경에 빠진 남편이 저한테 묻더라고요. '욕조 물, 다 채워졌어?' 그래서 제가 '넘칠락 말락 해.'라고 답했는데, 영어 표현이 궁금해졌어요.

'넘칠락 말락'은 넘칠 것 같다는 뜻이니 'It's about to overflow.(넘칠 것 같아.)'라 하면 어때?

욕실에 들어가서 보니 물이 막 넘치고 있고, 내가 수도꼭지를 잠그기 전의 상황이라면 그 표현을 쓸 수 있어요. 'about'은 어떤 상황이 진행 중일 때에만 사용 가능하거든요. 그런데 오늘 상황을 보면 아직 물이 넘치는 건 아니잖아요? 그럼 어디까지 차 있는 걸까요?

100퍼센트까진 아니고 거의 다 찬 상황일 테니까… 'It's 99 percent!(이건 99퍼센트야!)'

그렇죠? 딱 그 상태를 지칭하는 영어 동사가 있어요! 뭘까요?

▶▶ 그래서, 타일러가 준비한 표현은?

631

It's full to the brim.

＊해석 그건 넘칠 듯 가득 차 있어요.

Check!

＊ it's full to the ~ - ~까지 차 있다

＊ brim - 넘칠 듯 그득하다, (컵, 사발 등의) 위 가장자리 부분

타일러 Tip

'brim'은 좀 어려운 단어예요. 맨 윗부분을 뜻한다고 해서 '끝자락'이란 의미라고 생각하시면 안 돼요. 잔에 물을 부었을 때 넘칠락 말락 하는, 넘치기 직전에 이른 바로 그 상태를 가리키는 단어라고 외워두세요.

632

가슴이 두근두근해요.

바로 듣기

사귄 지 2주 정도 된 여자친구의 손을 용기 내서 덥석 잡았습니다. 순간 가슴이 어찌나 뛰어대는지 심장이 터지는 줄 알았어요. 이런 제 마음 '가슴이 두근두근해요.'는 영어로 어떻게 말하나요?

결혼식에서 신랑 신부가 입장할 때면 엄청 떨릴 텐데, 그때 쓰는 표현이라고 들었던 게 있어. '가슴에 나비가 있다'란 뜻의 'I have butterflies in my stomach. (가슴이 조마조마해.)'

그 표현은 철업디가 방금 이야기했듯 신랑 신부 입장이나 무대에서의 공연 등 다른 사람들 앞에서 뭔가를 하기 전에 써요. 근데 청취자 분은 여자친구 손을 잡은 게 엄청나게 설레서 가슴이 두근거리는 거니, 상황이 좀 다르죠?

I'm so excited.(나는 흥분돼요.)

괜찮긴 한데, 심장에 대한 표현을 좀 살려보면 어떨까요?

▶▶ 그래서, 타일러가 준비한 표현은?

632

My heart is racing.

* **해석** 내 심장이 경주 중이야.

Check!

* heart - 심장, 가슴
* race - 경주, 달리기, 빨리 가다, (뇌·심장 등이) 바쁘게 돌아가다

타일러 Tip

'race'는 대개 속도를 겨루는 걸 지칭하지만, 위에 나와 있는 뜻의 동사로 쓰일 때도 있어요. 그래서 가슴이 두근거린다는 것도 오늘의 표현처럼 나타낼 수 있죠. 심장이 움직이는 속도가 빨라졌다, 심장이 정신없이 빠르게 돌아간다는 뜻이니까요.
가슴이 두근거릴 땐 심장 박동도 빨라지기 마련이죠? 그러니 오늘의 표현에서 'heart' 대신 'heart beat(심장 박동)'를 넣어 'My heart beat is racing.'라 해도 된답니다.

633 넌 얼굴도 두껍다.

전 소심한 편이라 식당에서 반찬 리필도 잘 못하는데, 제 친구는 모르는 사람과도 금방 친해지더라고요. 그 친구한테 '넌 얼굴도 두껍다.'라고 자주 말하곤 하는데, 이 표현도 영어로 가능할까요?

부끄러움, 창피함이 전혀 없는 거잖아. 직접적으로 이렇게 말해볼까? 'Wow! You're face is thick!(와! 너 얼굴 두껍다!)'

미국 사람들이 안 쓰는 표현이네요. 근데 'thick skin' 이라는 말은 있어요. 피부가 두껍다는 뜻인데, 쉽게 흔들리거나 동요하지 않는 사람에 대해 쓰죠.

그럼 'Hey, You don't have manner.(이봐, 넌 매너가 없어.)'

음, 'manner'요? 오늘의 상황과는 별로 맞지 않는 단어 아닐까요?

▶▶ 그래서, 타일러가 준비한 표현은?

633

Nothing fazes you.

* **해석** 아무것도 널 당황하게 하지 못해.

Check!

* nothing - 아무것도, 아무것도 아닌
* faze ~ - ~을/를 당황시키다

타일러 Tip

'faze'는 무언가를 당황하게 만든다는 뜻의 동사인데, 대개 자신감이 깎이거나 해서 기운이 떨어질 때 써요. 그래서 오늘의 표현처럼 그 앞에 'nothing'을 붙이면 '너의 그 자신감을 꺾을 수 있는 건 아무것도 없어'란 의미가 되죠. 좋은 의미와 나쁜 의미 모두로 쓸 수 있는 표현이랍니다.
참고로 'faze'의 발음은 [feiz]로 'phase(단계)'와 똑같으니 두 단어를 헛갈리지 마세요.

634

그거 다 상술이야.

마트에서 할인행사나 1+1 특가 판매 안내가 나오면 남편은 사야 한다고 난리가 나요. 그때마다 전 남편을 진정시키면서 '그거 다 상술이야.'라고 말하는데, 영어 표현도 궁금해요.

'It's a business skill.(그건 비즈니스 스킬이야.)'라고 하면 어때?

오늘 같은 상황에서 그 표현을 쓰진 않아요. '상술'은 부정적인 느낌이지만 'business skill'은 영어권에서 좋은 의미의 표현이거든요.

상술은 미끼를 던지는 것이기도 하니까 'That's a lure.(그건 미끼야.)'

또 뭐가 있을까요? 아주 적합한 표현이 하나 있는데….

▶▶ 그래서, 타일러가 준비한 표현은?

634

It's a ploy.

*** 해석** 그거 꼼수야.

Check!

* ploy - 계책, 술책, 꼼수

타일러 Tip

'ploy'는 그리 좋은 뉘앙스의 단어가 아니라서 '상술'이라는 한국어 단어의 의미와 잘 맞아요. 또 'business'가 한국에선 '그거 다 비즈니스야.' 하는 식의 부정적 뉘앙스로 쓰이는 경우가 많지만, 미국에서는 긍정적이고 좋은 느낌으로 사용되는 단어란 걸 기억해두세요.
팁으로 한 가지 더 알려드릴게요. 한국에서 흔히 '1+1'이라고 표현하는 할인행사를 미국에선 'Buy one get one free(하나 사면 하나는 공짜)'라고 한답니다.

635

호랑이도 제 말 하면 온다더니.

약속 시간에 항상 늦는 친구가 한 명 있어요. 하루는 그 친구 때문에 화가 나서 다른 사람한테 험담을 좀 했는데, 그때 그 친구가 기다렸다는 듯이 짠 하고 나타나더라고요. 그래서 '호랑이도 제 말하면 온다더니.'라고 말했는데, 이런 뜻의 영어 표현도 있나요?

정직하게 도전해볼까? 'I was talking about you.(네 얘기를 하고 있었는데.)'

그건 뜻이 너무 포괄적인데요? 오늘의 상황에서뿐 아니라 언제든지 쓸 수 있잖아요. 'talking'보다는 소리 내서 이야기한다는 뜻의 ' speak'로 시작해보면 어떨까요?

'Speak of the tiger.(호랑이에 대해 얘기한다.)'라고 하면 되려나?

한국에선 호랑이라고 표현하지만, 외국에선 뭐라고 할까요? 'tiger' 말고 더 무서운 걸 떠올려보세요.

▶▶ 그래서, 타일러가 준비한 표현은?

635

Speak of the devil.

* **해석** 악마에 대해 이야기한다.

Check!

* speak - 이야기하다
* devil - 악마

타일러 Tip

오늘의 표현이 영어권에선 '호랑이도 제 말 하면 온다.'에 해당한답니다.
이 표현은 스코틀랜드에서 유래되었다네요. 천주교를 많이 믿는 스코틀랜드에선 신과 관련된 표현을 쉽게 쓰지 않았는데, 'Speak of the devil.'은 '악마에 대해서 얘기하면 악마가 될 수 있다'란 뜻으로 썼대요. 근데 악마가 아닌 사람으로 그 대상이 옮겨져, 누군가에 대해 이야기할 때 그 사람이 나타나는 상황에서도 사용되기 시작했다는군요. 꼭 험담을 하던 상황뿐 아니라 '네 얘기를 하고 있었는데 네가 나타났어!' 하는 식으로 놀랍고 반가울 때에도 써요.

나 완전 기겁했잖아.

저는 어릴 때 새한테 쪼일 뻔했던 적이 있어서 새를 무서워하는데, 생각 없이 동생 방에 갔다가 앵무새를 보고 깜짝 놀랐어요! 너무 놀랐을 때 쓰는 '나 완전 기겁했잖아.'가 영어로는 뭘까요?

기겁하는 건 무서워서니까 'I was completely scared.(나 완전 무서웠어.)'

'completely' 대신 쓸 수 있는 표현으론 뭐가 있을까요?

음… 'totally'를 쓰면 되겠다. 'I was totally scared.(나 정말 무서웠어.)'

오, 아주 좋아요! 이번엔 'scared'의 대체 표현을 찾아서 문장을 만들어볼까요?

'I was totally afraid.(나는 완전 두려워요.)'

'afraid'는 두렵다는 뜻이죠? 근데 영어에선 오늘의 상황처럼 뭔가에 엄청 놀랐을 때 정말 많이 쓰는 두 단어짜리 표현이 있어요. 뭘까요?

▸▸ 그래서, 타일러가 준비한 표현은?

636

I totally freaked out.

*** 해석** 정신이 하나도 없을 정도로 놀랐어.

Check!

* totally - 완전히, 전적으로

* freak out - 정신이 나갈 정도로 놀라다

타일러 Tip

깜짝 놀랐다는 걸 나타낼 때 'shock'를 쓰기도 하지만, 이 단어는 '충격을 받다'란 의미라서 오늘의 표현에 들어 있는 'freak out'과는 뉘앙스가 조금 달라요. 'freak out'은 감정을 통제할 수 없을 정도로 놀라거나 당황할 때 주로 사용하는 표현인데, 엄청 신나서 흥분하는 상황에서도 쓴답니다.

- When I saw BTS in person, I totally freaked out.

= BTS를 실제로 봤을 때, 나 완전 흥분했어.

분위기에 취했어.

주말에 남편과 산책을 나갔다가 어느 소나무 밑에서 멋지게 색소폰을 연주하고 계신 분을 봤어요. 감미로운 연주에 취해 한참 들었는데, '분위기에 취했어.'는 영어로 뭐라고 할까요?

취했다는 거니까 'tipsy(술에 약간 취하다)'를 써서 'I'm a tipsy atmosphere.(술 취한 분위기야.)'라고 해볼까?

술과 관련된 영어 단어로 접근하면 답을 찾기 어려울 것 같은데요? 다른 표현을 생각해보세요.

분위기에 취했다는 건 압도됐다는 뜻이기도 하잖아? 'I'm overwhelmed by saxophone.(나는 색소폰에 압도됐어.)'

접근은 좋은데, 'overwhelmed'를 들으면 원어민은 파도에 집어삼켜진 듯했다는 걸로 이해할 거예요. 그러니 그보다는 그 대상에 빠져들었다는 식의 표현이 좋아요.

'뛰어들다', '다이빙하다'의 'dive into'는 어때?

시도는 좋았는데, 오늘 상황에선 안 쓸 거 같아요.

▶▶ 그래서, 타일러가 준비한 표현은?

637

I got really into it.

*** 해석** 나는 그것에 정말 빠져들었다.

Check!

* get into ~ - ~에 빠져들다

* into ~ - ~의 안/속으로

타일러 Tip

'get into'라는 표현을 보면 무언가의 안으로 들어가는 이미지가 연상되지 않나요? 그래서 이 표현은 어떤 것에 사로잡히거나 푹 빠지는 걸 뜻해요. 다음과 같이 여러 상황에 사용할 수 있겠죠?

- I got really into gaming. = 난 게임에 푹 빠졌어.
- I got really into learning Korean. = 난 한국어 배우기에 푹 빠졌어.

이와 반대로, 무언가에 너무 집착하거나 깊이 관여하는 사람에게 경고를 줄 때에도 'get into'를 쓸 수 있어요.

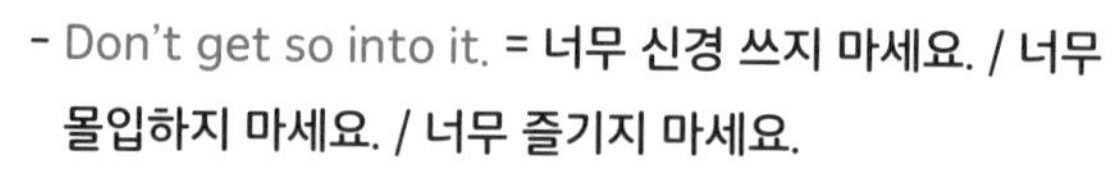

- Don't get so into it. = 너무 신경 쓰지 마세요. / 너무 몰입하지 마세요. / 너무 즐기지 마세요.

나 코가 막혔어.

친구가 비염이 진짜 심해요. 찬바람이 불 때쯤이면 더 심해지는데, 코가 막히니까 숨 쉬는 걸 불편해해서 짠하더라고요. 영어권에서는 '나 코 막혔어.'를 뭐라고 하나요?

코가 막혔다는 건 더 이상 작동하지 않는다는 거잖아? 'My nose doesn't work.(내 코가 일을 안 해.)'

코가 막혔다는 걸 강조하는 뜻은 전달되지 않는데요? 그냥 냄새를 못 맡고, 숨을 못 쉰다는 것만 연상되거든요.

코가 '막혔다'는 걸 살려야 하는 거구나! 그럼 'blocking'은 어때? 배구 경기할 때도 공격을 막아낼 때 그 단어를 쓰잖아. 'My nose is blocked.(내 코가 막혔어.)'

오, 좋은 시도였어요! 근데 그 표현은 코 안에 뭘 넣어서 막아버렸다는 느낌이에요. 'My nose is…'까진 아주 좋았는데 그 뒤는 뭘까요? 다행히 '막혔다'에 딱 어울리는 영어 단어가 있어요!

▶▶ 그래서, 타일러가 준비한 표현은?

638

My nose is stuffy.

* **해석** 내 코가 막혔어.

Check!

* nose - 코
* stuffy - 막힌 듯한, 답답한

타일러 Tip

영어에선 동사에 '-y'를 붙여 형용사로 바꾸는 경우가 많아요. 'stuff(채우다)'란 동사가 'stuffy(막힌 듯한, 답답한)'이란 형용사로 달라지는 것도 그 예죠.
'stuffy'는 여러 상황에서 광범위하게 사용돼요. 막힌 듯한 느낌이 들 때면 언제든지 쓸 수 있거든요. 가령 환기 안 된 방에 들어가면 공기가 꽉 막혀 있는 느낌이 들잖아요? 그럴 때에도 'This room is a bit stuffy.' 혹은 'It's a bit stuffy in here.'라고 해요.
참고로, 코가 심각하게 막힌 상황이라면 'stuffy' 대신 'stuffed'를 써서 'My nose is stuffed.(내 코가 꽉 막혔어.)'라 표현할 수 있다는 것도 알아두세요.

639

뼈밖에 없네.

어떤 사람들은 배부른 소리라고 하지만, 제 고민은 살이 안 찐다는 거예요. 보는 사람마다 '뼈밖에 없네.'라고 한마디씩 하거든요. 근데 이건 영어로 뭐라고 하나요? '뼈'가 들어가니까 'bone'이란 단어가 사용될까요?

나도 똑같이 'bone'을 넣어볼까 생각했어. 'I think she only have a bone.(내 생각에 그녀는 오직 뼈밖에 없어.)'

문장 구조도 그렇고 어쩐지 남에게 뒷담화하는 느낌이 드네요. 상대에게 보다 친절한 느낌을 주는 표현도 있지 않을까요? 예를 들어 '말랐다' 대신 '날씬하다'라고 하면 기분 나쁘진 않겠죠.

'You don't need gain weight. You have only bone.(살찌울 필요 없어요. 너는 뼈만 가지고 있잖아요.)'

뒤의 말은 꼭 하지 않아도 되니 빼는 게 좋겠네요. 'You don't need gain weight.'를 조금만 다듬으면 더 친절한 문장이 될 거예요.

▶▶ 그래서, 타일러가 준비한 표현은?

639

You could gain some weight.

* 해석 당신은 살이 쪄도 좋을 거예요.

Check!

* gain ~ - (필요하거나 원하는 ~을/를) 하게 되다, 얻게 되다
* weight - 무게, 체중

타일러 Tip

'could'는 '당신이 원하면 할 수 있겠다, 해도 되겠다, 해도 좋겠다'란 의미예요. 어떻게 할지 정하는 건 상대의 선택임을 인정하는 표현이죠. 그와 달리, 좋은 이야기가 아닌 뒷담화 느낌으로 이야기할 땐 'She is skin and bones.(그녀는 완전 뼈랑 가죽밖에 없어.)'라는 식으로 말해요.
참고로 'skin and bones'는 글자 그대로 '뼈랑 가죽'이란 뜻이에요. 새 옷을 샀는데 옷이 크거나 몸이 너무 말라 헐렁해 보일 땐 다음과 같이 말할 수 있어요.
- Look at me. I look like skin and bones. = 나 좀 봐봐. 난 뼈랑 가죽만 있는 것처럼 보여.

넌 잠귀가 너무 밝아.

저는 옆에서 누가 바스락대거나, 심지어 옆방에서 남편이 키보드만 두드려도 잠을 못 자요. 그래서 남편이 '넌 잠귀가 너무 밝아.'라고 투덜대곤 하는데, 이 말을 영어로 알려주세요.

'You can hear everything when even I sleep. (너는 내가 잘 때에도 모든 걸 들을 수 있어.)'

한국어로 '잠귀'이긴 하지만 영어로 귀와 관련된 표현을 쓰진 않아요. 'hear' 말고 다른 단어를 찾아보세요.

예민하다는 점을 살려볼까? 'You so sensitive even when you sleep.(당신은 잘 때에도 너무 예민해요.)'

'sensitive'를 쓴 건 아주 좋은 시도였어요. 근데 그 형용사 대신 다른 표현을 써보면 어떨까요?

'You never deep sleep, because you're so sensitive.(너는 절대 깊이 못 자. 왜냐하면 너는 너무 예민하거든.)'

좋긴 한데 'deep'의 반대말을 써볼까요?

▶▶ 그래서, 타일러가 준비한 표현은?

640

You’re such a light sleeper.

* **해석** 넌 가볍게 잠을 자는 사람이구나.

Check!

* be such a ○○○ - 엄청난 ○○○이다
* light - 가벼운
* sleeper - 잠자는 사람, 잠든 사람

타일러 Tip

‘a sleeper(잠자는 사람)’는 명사죠? 그래서 ‘가볍게 잠자는 사람’이란 표현을 만들려면 ‘a sleeper’를 꾸며주는 ‘such’를 앞에 붙여 ‘such a light sleeper’라고 해야 해요.
만약 철업디가 썼던 ‘sensitive’를 살리고 싶을 땐 ‘You’re such a sensitive sleeper.(넌 잠잘 때 예민하구나.)’라고 하면 돼요. 반대로 잠귀가 어둡다는 말을 하고 싶을 땐 ‘You’re such a deep sleeper.(넌 잠귀가 어두워.)’라고 하고요.

641

빨래 개는 건 귀찮아.

바로 듣기

우리 누나는 전생에 나무늘보가 아니었을까 싶을 정도로 만사를 귀찮아해요. 그중에서도 가장 귀찮은 건 빨래 개는 거라는데, '빨래 개는 건 귀찮아.'는 영어로 뭘지 궁금해요.

빨래를 개는 건 다시 말해 빨래를 접는 거니까 'fold'를 쓰면 되지 않을까? 'It bothers me fold the laundry. (빨래를 개는 것이 나를 귀찮게 한다.)'

'fold'를 생각해낸 건 좋았어요! 근데 'it'으로 문장을 시작하기보단 자기가 빨래를 어떻게 생각하고 있는지에 대해 말하는 편이 자연스러워요. 그렇다면 'I'로 시작하는 문장이어야겠죠?

'I don't like the folding the laundry.(나는 빨래 개는 걸 좋아하지 않아요.)'

와, 거의 다 왔어요! 딱 한 부분만 더 고쳐볼까요? 'I don't like ~'라고 하면 그냥 살짝 귀찮은 정도의 느낌인데, 오늘 상황에서처럼 너무너무 귀찮은 느낌을 살리려면 꼭 써야 하는 단어가 있어요.

▶▶ 그래서, 타일러가 준비한 표현은?

641

I hate folding the laundry.

* **해석** 나는 빨래 개는 걸 싫어해요.

Check!

* hate ~ - ~을/를 몹시 싫어하다
* fold ~ - ~을/를 접다, 개키다
* laundry - 세탁물, 세탁해놓은 것들

타일러 Tip

앞서 설명했듯, 싫어하는 무언가에 대해 이야기할 때 'hate'를 쓰면 'don't like'보다 더 강한 느낌을 전달해요. 미국에선 사람에게 'hate'를 잘 사용하지 않지만, 다음과 같이 물건이나 자기에게 닥친 상황에 대해선 언제든지 쓸 수 있어요.

- I hate Mondays. = 나는 월요일을 싫어해.
- I hate to wait. = 나는 기다리는 걸 싫어해.

642 우물쭈물할 시간이 없어요.

굼벵이 같은 우리 부장님은 뭔가를 빨리 결정해야 하는 급한 상황에서도 세월아 네월아 하며 시간을 끄세요. 답답할 때마다 저는 속으로 '우물쭈물할 시간이 없어요!'라고 외치곤 하는데, 이 말을 영어로 알려주세요.

뭔가 빨리 결정해야 하는 상황에서 해야 하는 말이잖아? 근데 친절한 느낌도 살려야 하니… 'Sorry, we don't have enough time.(미안해요. 시간이 충분치 않아요.)'

오, 나쁘지 않아요. 오늘의 상황에 맞는 표현에는 'time'이 무조건 들어가야 하거든요. 철업디가 감을 잡으셨네요!

시간이 없는 상황이니까 'time' 앞에 'no'를 붙여서 'No time for deciding.(결정할 시간이 없어요.)'

결정을 재촉하는 'deciding'은 쓰지 않아요. 생각이 됐든 결정이 됐든 그런 것에 들일 시간이 없다는 방향으로 가야겠죠?

▶▶ 그래서, 타일러가 준비한 표현은?

642

There's no time to waste.

* **해석** 낭비할 시간이 없어요.

Check!

* time - 시간

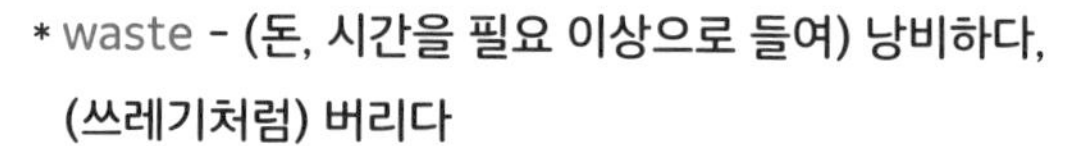
* waste - (돈, 시간을 필요 이상으로 들여) 낭비하다, (쓰레기처럼) 버리다

* there's no time to ~ - ~할 시간이 없다

타일러 Tip

사실 오늘의 표현은 문법 면에서 틀린 문장이에요. 정확한 문법대로 하자면 'There's no' 대신 'There isn't any'를 써서 'There isn't any time to waste.'라 해야 하는 거죠. 근데 요즘엔 비문을 쓰는 사람들이 점점 많아져서, 'There isn't any ~'보다 'There's no ~'가 훨씬 자연스러운 표현이 되었어요.

하지만 논문이나 보고서 등 격식을 갖춰야 하는 문서에서 이 표현을 쓰면 안 돼요. 이건 어디까지나 일상에서만 허용되는 비문이니까요.

643 정말 어쩌다가 한 번 정도야.

바로 듣기

저는 야식을 좋아해서 매일 먹는데, 우리 언니는 살찐다고 절대 안 먹어요. 아마 1년에 겨우 한두 번쯤일 걸요? 이런 경우 '정말 어쩌다가 한 번 정도야.'라 하는데, 영어로는 뭘까요?

어쩌다가 한번이라는 건 정말 드물다는 뜻이니 간단하게 표현할 수 있을 것 같아. 'It's a rare.(드문 일이야.)'

물론 그렇게 표현해도 돼요. 사실 제가 오늘 가져온 건 진짜 어려운 표현이에요.

'It's a rare for midnight snack.(야식은 흔치 않은 일이야.)'

뜻은 전달되지만 좀 더 자연스러운 접근이 좋겠네요.

'Just one a year!(1년에 한 번이야!)'

미국식 느낌이 훨씬 강해졌는데요? 근데 오늘 준비한 표현은 아까 말했듯이 어려운 거니까 얼른 알려드릴게요!

▶▶ 그래서, 타일러가 준비한 표현은?

643

Once in a blue moon.

* **해석** 두 번째 보름달이 뜰 때 있는 일이야.

Check!

* once - 한 번, 언젠가
* blue moon- 양력 기준으로 한 달에 보름달이 두 번 뜨는 경우, 두 번째로 뜬 보름달을 일컫는 말.

타일러 Tip

'blue moon'은 한 달에 두 번째로 뜨는 보름달을 뜻해요. 한 달에 보름달이 한 번 뜨는 건 일반적이지만, 두 번 뜨는 건 자주 일어나는 일이 아니죠. 그래서 'blue moon'은 가뭄에 콩 나듯 아주 드물게 생기는 일을 표현하는 관용적 표현이 되었답니다. 일상에서도 자주 쓰이는 표현이니 잘 익혀두세요.

- I only eat fast food once in a blue moon. = 나는 패스트푸드를 아주 가끔씩만 먹어요.

우리는 연중무휴예요.

바로 듣기

저는 편의점을 운영 중인데, 요즘은 자정이 되면 문을 닫는 편의점도 있어서인지 '몇 시까지 해요?'란 질문을 종종 받아요. 그래서 영어로도 '우리는 연중무휴예요.'라고 써 붙이고 싶은데 뭐라고 써야 할까요?

우리가 잘 아는 단어 있잖아. 'always(항상)'! 그걸 넣어서 문장을 만들어볼게. 'We are always opened.(우리는 항상 열려있어요.)'

잘하셨는데 'open'의 시제가 틀렸어요. 'We are always open.'이라고 해야 항상 영업 중이라는 뜻이 되거든요. 근데 가게 밖에 써 붙이는 말이어야 하니 '연중무휴'라는 느낌이 좀 더 들어가는 게 좋지 않을까요?

'We are always open three hundred sixty five.(우리는 365일 열려 있어요.)' 이때의 365는 숫자로 쓰고!

'365일'은 'three sixty five'라고만 해도 충분해요. 근데 1년을 좀 더 쪼개서 표현해보면 어떨까요?

▶▶ 그래서, 타일러가 준비한 표현은?

644

We’re open 24/7.

* 해석 우리는 24시간, 7일 열려 있어요.

Check!

* open - 열다
* 24/7 - 24시간/1주일 내내

타일러 Tip

‘24/7’은 ‘24시간, 1주일 중 7일 내내’란 뜻이에요. 그 뒤에 ‘/365’까지 붙여서 ‘24/7/365’로 쓸 수도 있긴 하지만 이런 경우는 매우 드물어요.
한 가지 중요한 점, 영어권에선 365일 내내 연중무휴로 일하는 곳은 없어요. 어느 곳이든 영업을 쉬는 날은 반드시 있답니다.

645

반찬은 드실 만큼만 가져가주세요.

바로 듣기

부모님이 운영하는 식당에 리필용 반찬을 손님들이 직접 가져가는 셀프바를 만들었어요. '반찬은 드실 만큼만 가져가주세요.'라고 영어로 써놓고 싶은데, 어떻게 써야 하나요?

반찬이 영어로 'side dish'잖아. 그럼 이렇게 써볼까? 'You have to get a side dish as much as you can.'

그렇게 써놓으면 반찬이 금방 없어지겠는데요? 그건 '당신이 할 수 있는 만큼 반찬을 많이 가져가세요.'란 뜻이거든요. 그리고 어차피 반찬 코너에 써둘 말이니 'side dish'라는 표현을 쓸 필요는 없을 것 같아요. 영어로 '눈으로만 보세요.'를 써놔야 한다면 뭐라고 적을까요?

'Do not touch.(만지지 마세요.)'겠지? 그럼 'Do not'을 써서··· 'Do not bring is as much as you can.(가능한 한 많이 가져오지 마세요.)'

어··· 그건 좀 이상한데요? 제 말은 그런 식으로 생각을 바꿔보라는 뜻이었어요.

▶▶ 그래서, 타일러가 준비한 표현은?

645

Only take as much as you can eat.

* 해석　먹을 수 있는 만큼만 가져가세요.

Check!

* only ~ - 오직 ~만
* take - 가져가다
* as much as ~ - ~하는 만큼, ~ 하는 정도
* eat ~ - ~을/를 먹다

타일러 Tip

'드실 만큼만 가져가세요.'란 한국어 표현에서 가장 중요한 부분은 '-만'이겠죠? 오늘의 표현에서 그런 강조의 역할을 맡은 단어가 바로 'only'예요. 만약 'only'를 넣지 않고 그냥 'Take as much as you can eat.'이라고 하면 '먹을 수 있는 만큼 가져가세요.'가 되니, 'only'의 역할을 기억하시고 꼭 함께 써주세요.

복습하기

631 ~ 645

- 넘칠락 말락 해.
- 가슴이 두근두근해요.
- 넌 얼굴도 두껍다.
- 그거 다 상술이야.
- 호랑이도 제 말 하면 온다더니.
- 나 완전 기겁했잖아.
- 분위기에 취했어.
- 나 코가 막혔어.
- 뻐밖에 없네.
- 넌 잠귀가 너무 밝아.
- 빨래 개는 건 귀찮아.
- 우물쭈물할 시간이 없어요.
- 정말 어쩌다가 한 번 정도야.
- 우리는 연중무휴예요.
- 반찬은 드실 만큼만 가져가주세요.

복습하기 631 ~ 645

- It's full to the brim.
- My heart is racing.
- Nothing fazes you.
- It's a ploy.
- Speak of the devil.
- I totally freaked out.
- I got really into it.
- My nose is stuffy.
- You could gain some weight.
- You're such a light sleeper.
- I hate folding the laundry.
- There's no time to waste.
- Once in a blue moon.
- We're open 24/7.
- Only take as much as you can eat.

잠이 달아났어.

전 초등학교 4학년생 아들이랑 잠들기 전에 얘기 나누는 걸 좋아해요. 근데 얘기를 하다 보면, 솔솔 밀려오던 잠도 깨버릴 때가 있잖아요? '잠이 달아났어.'란 표현을 아이에게 영어로 알려주고 싶어요.

잠이 달아났다는 건 한국식 표현이니 잠에서 깨버렸다는 게 맞겠지? 'I'm awake.(나 잠 깼어.)'

아주 좋아요. 근데 잠이 달아날 정도로 확 깨버린 거니까 조금 더 강조해볼까요? 'awake' 앞에 단어 하나만 더 붙여보세요.

강조? 'so'가 있잖아! 'I'm so awake.(나는 완전 잠 깼어.)'

'so' 대신 쓸 수 있는 말이 있어요. 잠이 확 달아나버렸다, 잠이 갑자기 깨버렸다는 의미를 살리려면 이 단어를 쓰는 게 좋아요.

▶▶ 그래서, 타일러가 준비한 표현은?

646

I'm wide awake.

* **해석** 나는 넓게(완전히) 깨어 있어.

Check!

* wide - 넓은, 너른, 완전히, 있는 대로 다, 활짝
* awake - 잠들지 않은, 깨어 있는, 깨다, 깨우다

타일러 Tip

눈을 크게 뜬다는 걸 영어로는 뭐라고 할까요? '크게'라고 하니 혹시 'big'이나 'bigger'가 떠오르셨나요?
답은 'open your eyes wide'예요. 'wide' 대신 'wider'를 써도 되고요. 화면이 큰 TV를 흔히 'widescreen(와이드스크린) TV'라고 하잖아요. 그걸 기억하시면 될 거예요.

647

나 말리지 마.

바로 듣기

자기 아이디어를 부장님께 뺏겼다면서 사장님한테 따지겠다고 씩씩대던 동료! 저한테 '나 말리지 마!' 이러는 거 있죠? 전 말릴 생각이 전혀 없었는데…. '나 말리지 마.'에 해당하는 영어 표현은 뭔가요?

'이건 내 일이니 넌 상관하지 마.'로 가는 건 어떨까? 'It's not your business.(네가 상관할 일이 아니야.)'

그 표현은 상대가 오지랖 부리면서 적극적으로 끼어들려 할 때 써요. 오늘의 상황과는 안 맞죠.

그럼 'Hey, Don't touch me!(이봐, 나 건드리지 마!)'

너무 센데요? '난 앞으로 이 일을 할 거니까 못 하게 하지 마.'라는 쪽으로 접근해보세요.

'간섭'이란 표현이 떠오르네. 'Do not interfere.(간섭하지 마세요.)'

나쁘진 않은데 좀 더 쉬운 표현이 있어요. 힌트를 드리자면, 'stop'이 들어가요.

▶▶ 그래서, 타일러가 준비한 표현은?

647

Don't try to stop me.

* **해석** 나를 말리지 마.

Check!

* try - 시도하다
* stop - 말리다

타일러 Tip

오늘의 표현에 있는 'stop'은 뭔가를 멈춘다는 의미가 아니라 어떤 사람이 시도하는 생각, 의도, 행동을 말린다는 뜻이에요. 예를 들어 여자친구에게 고백을 하겠다거나 유학을 가려고 마음먹었는데 누군가 자기를 말리려 할 때 할 수 있는 게 오늘의 표현인 거죠.
미국에서는 이 표현을 쓸 때 'to' 대신 'and'를 넣어 'Don't try and stop me.'라 하기도 해요. 이때의 'and'는 '앤드'가 아니라 조금 뭉개듯 '은'으로 발음해주는 게 좋고요.

648

들들 볶지 마.

바로 듣기

강아지는 간식 달라고, 아들은 맛있는 거 해달라고, 남편은 용돈 올려달라고 저를 들들 볶네요. 이럴 때 '들들 볶지 마.'라고 하고 싶은데, 영어로도 표현 가능한가요?

콩글리시로 도전해볼게. 볶는 건 'fry'니까 'Don't fry me.(나를 볶지 마.)'

그 말을 원어민이 들으면 혹시 'Don't try me.'를 잘못 발음한 건가 할 거예요. 또 'fry'는 사람이 아닌 음식에만 쓸 수 있어요. 'Don't fry it.' 같은 형태로요.

그럼, 'Stop saying like do that, this that.(이거다 저거다 말하지 마.)'

재밌지만 처음 들어보네요. 'stop'으로 시작한 건 좋으니 뒷부분만 바꿔보죠. 나에 대한 요구가 많은 상황에서 그러지 말라고 말하는 느낌을 살려보세요.

'Stop asking me.(나한테 그만 물어봐.)'

'asking' 말고, 이것저것 해달라고 간절히 청하는 걸 지칭하는 단어가 있어요.

▶▶ 그래서, 타일러가 준비한 표현은?

648

Stop begging.

* **해석** 구걸 좀 하지 마.

Check!

* stop ~ - ~을/를 멈추다
* beg - 간청하다, 구걸하다
* begging - 구걸, 구걸하는

타일러 Tip

'beg'는 위에서 보듯 '간청하다', '구걸하다'라는 뜻의 동사예요. 그래서 길에서 모르는 이들에게 구걸하는 사람을 지칭할 땐 'beg' 뒤에 '-er'을 붙여 'begger(구걸하는/간청하는 사람)'라고 하죠. 'beg'를 한국어의 '조르다'란 뜻으로 이해하면 오늘의 표현도 쉽게 익힐 수 있을 거예요.

649

절차대로 해야 합니다.

바로 듣기

회사에서 일할 때 차례대로 업무를 처리해야 하는데, 전화를 해선 자기 일부터 처리해달라고 막 우겨대는 분들이 있어요. 그때마다 저는 침착하게 '절차대로 해야 합니다.'라고 말하는데, 영어 표현도 궁금해요.

약간 화내는 톤으로 해보면 어떨까? 'Hey! Wait!(이봐요! 기다려요!)'

청취자 분은 전화 통화로 우기는 상대에게 말해야 하는 거죠? 그럼 그렇게 말하기보다는 'No, We can't.'라고 딱 잘라서 이야기할 것 같아요. 근데 오늘의 표현에서 중요한 건 '절차'잖아요. '절차'는 영어로 뭐라고 할까요?

'절차'를 살려야 하는 거구나? 그럼 'process'를 넣어볼게. 'I'm so sorry. We have process.(미안해요. 절차가 있어요.)'

'process'를 생각해내신 게 아주 좋네요! 근데 그것보다 더 어울리는 단어가 있어요. 그 단어도 p로 시작하고요. 외교나 공무수행을 할 때 쓰는 단어인데….

▶▶ 그래서, 타일러가 준비한 표현은?

649

We have to follow protocol.

* **해석** 우리는 규칙을 따라야 합니다.

Check!

* follow ~ - ~을/를 따라가다[오다], 뒤따르다
* protocol - (조직이나 집단의 관행 같은) 규칙 또는 절차

타일러 Tip

'protocol'은 업무를 보는 순서를 뜻하기도 하지만, 다른 회사 사람들과 미팅을 가져야 할 때 참석자들의 직급이나 상호 호칭 등을 사전에 합의하는 규칙 혹은 예절 등의 절차를 지칭하기도 해요. 이 단어의 발음은 t가 뚜렷한 '프로토콜'이 아니라 '프러더컬'에 가깝다는 점도 기억해두세요.

650

안 봐도 비디오지.

바로 듣기

엄마가 자주 하는 잔소리들 중에, 진짜로 보진 않았지만 본 것처럼 뻔하다는 뜻의 '안 봐도 비디오지.'라는 게 있어요. 이게 영어로는 뭘까요? 설마 'video'가 들어가진 않겠죠?

보진 않았지만 미리 상상하는 방향으로 접근해볼게.
'I can't see the without looking at it.(보지 않았어도 본 것 같아.)'

제가 준비한 표현은 아니지만 아주 좋아요. 그냥 간단하게 'I can't see that.'이라고만 해도 괜찮고요. 그렇게 될 줄 예상했다는 의미거든요. 오늘의 표현을 위해선 음… 어떤 영화를 보고 난 뒤엔 전체 줄거리를 다 알게 되는 상황을 상상해보세요.

'I saw your all synopsis.(나는 너의 모든 시놉시스를 봤어.)'

어, 너무 멀리 갔네요. 영화는 그냥 제가 예로 든 거니 'synopsis'가 들어갈 필요는 없겠죠? 'I saw'보다는 'I know'로 문장을 만들어보세요!

▶▶ 그래서, 타일러가 준비한 표현은?

650

I know how this goes.

* **해석** 나는 이게 어떻게 될지를 알고 있어요.

Check!

* know ~ - ~을/를 알다, 알고 있다
* how - 어떻게

타일러 Tip

'goes' 대신 'happens(발생하다, 일어나다)'를 쓰면 어떨까 하고 궁금해하시는 분도 계시겠네요. 하지만 'I know how this happens.'는 오늘의 표현과 어감 면에서 아주 달라요. 'happens'는 어떤 일을 직접 하거나 해낸 게 아니라 어쩔 수 없이 당하는 상황일 때 써야 어울리거든요.

651

입술 좀 그만 뜯어.

바로 듣기

저는 입술이 텄을 때 자꾸 뜯는 버릇이 있어요. 그게 지나쳐 가끔은 피가 나기도 하는데, 그럴 때마다 주변 사람들이 '입술 좀 그만 뜯어.'라며 말리더라고요. 영어로도 좀 알려주세요.

이번에도 'stop'으로 시작해야겠지? 'Stop touch your lips.(입술에 손대지 마.)'

'touch'는 만진다는 느낌이 강한 단어예요. 그래서 그렇게 말하면 입술을 뜯기보다는 만지는 상황이 연상되죠. '뜯는다'에 해당하는 단어는 뭘까요?

그럼 '당기다'란 뜻의 'pull'을 써볼까? 'Stop pulling your lips.(입술을 잡아당기지 마.)'

'pull'은 손으로 잡아서 세게 당기는 느낌을 줘요. 근데 입술을 뜯는다는 건 대개 치아로 물어서 잡아 뜯는다는 거잖아요. 여기에 딱 어울리는 단어가 있으니 한번 떠올려보세요. 힌트는… 'b'로 시작해요.

▶▶ 그래서, 타일러가 준비한 표현은?

651

Stop biting your lips.

* **해석** 입술 뜯지 마.

Check!

* bite ~ - ~을/를 (이빨로) 물다
* lip - 입술

타일러 Tip

삼키든 안 삼키든 입으로 앙~ 하고 한 번 깨무는 걸 일컬어 'bite'라고 해요. 어떤 행사에서 무대에 오르거나 사람들 앞에 나서기 전에 긴장해서 입술을 살짝 깨무는 누군가를 볼 때에도 오늘의 표현을 쓸 수 있죠.
그러고 보니 예전에 진미영에서 'bite'를 배웠던 적이 있네요. 'Just one bite.(한 입만 줘.)', 기억나시죠?

652

왜 나한테만 시켜!

저는 여덟 살과 여섯 살인 남매를 키우고 있는데요, 얘들은 눈만 뜨면 싸워대고 제 말도 너무 안 들어요. 또 뭐 좀 하나 시키려고 할 때마다 툭하면 '왜 나한테만 시켜!'라며 투덜거리고요. 이 말은 영어로 어떻게 하나요?

나한테'만' 시키는 거니까 'only'를 써야 하지 않을까? 'Why do you only ask me?(왜 나한테만 요청하는 거야?)'

오늘의 상황에선 'only'가 필요할 거 같지 않으니 그걸 빼고 문장을 만들어볼까요? 그리고 'Why do'까지는 좋은데, 그 뒤에선 'ask'보다 'do'를 쓰는 편이 자연스러울 것 같아요.

'Why do' 뒤에 'do'를 쓰면 어때? 'Why do you do that?'

그건 '너 왜 그래?', '너 왜 그렇게 하는 거야?'란 뜻이에요. 'Why do' 다음에 'you' 말고 'I'가 나오는 게 좋은데, 그럼 어떻게 바꿔볼 수 있을까요?

▶▶ 그래서, 타일러가 준비한 표현은?

652

Why do I have to do it?

* **해석** 왜 나한테만 그래?

Check!

* why - 왜
* have to ~ - ~해야만 한다

타일러 Tip

한국어와 비교했을 때 영어가 갖는 가장 근본적인 차이는 바로 'inflective language(굴절어)'라는 점이에요. 굴절어에선 똑같은 문장이라도 어디를 강조해서 말하느냐에 따라 문장의 의미가 완전히 달라진다는 특징이 있어요.
오늘의 표현인 'Why do I have to do it?'를 예로 들어볼게요. 이 문장에서 'I'를 강조해 말하면 '왜 나한테만 일을 시켜요?'란 뜻이지만, 맨 뒤의 'it'을 강조하면 '그 일을 내가 왜 해야 돼요?'라는 의미가 된답니다. 그러니 오늘의 사연에 맞게 이 표현을 쓰려면 'I' 부분에 힘을 줘서 말해야겠죠?

몸이 옛날(20대) 같지 않아.

바로 듣기

친구들이랑 만나면 체력 얘기를 많이 해요. 예전에는 사흘씩 밤을 새도 쌩쌩했는데 지금은 병든 닭 같아졌거든요. '몸이 옛날 같지가 않다.'란 말을 영어로 배워보고 싶어요.

몸이 옛날 같지 않다는 건, 체력이 어렸을 때보다 못하다는 거지? 'It's not like me, when I was in teenager.(10대 때의 나 같지가 않아.)'

나이를 넣어서 표현하다니, 시작부터 접근이 아주 좋네요. 그 문장을 좀 더 쉽게 바꿔볼까요?

'I'm not a 20s(twentys) anymore.(나는 더 이상 20대가 아니야.)'

거의 다 왔어요! 'I'm not'까지도, 또 뒤의 '20s anymore'도 좋아요. 중간에 두 단어만 바꾸면 완벽해지겠네요!

▶▶ 그래서, 타일러가 준비한 표현은?

653

I’m not in my 20s anymore.

* 해석 나는 더 이상 20대가 아니야.

Check!

* I’m not ~ - 나는 ~하지 않다, ~이/가 아니다
* anymore - 더 이상

타일러 Tip

오늘의 표현에 있는 ‘20s’의 자리에 ‘30s’, ‘40s’, ‘50s’ 등을 다양하게 넣을 수 있겠죠. 또 그때랑 몸이 같지 않다는 뉘앙스를 더 살리고 싶다면 말할 때 ‘not’에 좀 더 악센트를 줘서 강조해주면 돼요.

단, ‘10대 때 같지 않다’라고 말하고 싶다면, ‘teenagers’보다는 ‘teenage’와 ‘years’를 합친 단어인 ‘teens’를 쓰는 편이 자연스러워요.

- I’m not in my teens anymore. = 나는 더 이상 10대가 아니야.

저쪽은 별로 볼 게 없어요.

바로 듣기

전 여수 사람이에요. 가끔 관광 온 외국인들이 길을 물으면 '저쪽은 별로 볼 게 없어요.'라고 해주고 싶을 때가 많은데 입이 안 떨어지네요. 영어 표현 좀 가르쳐주세요. Please~

저쪽에 별로 볼 게 없다는 건, 반대로 이쪽엔 볼 게 많다는 뜻이잖아? 그러니까 'that side'를 써볼게. 'That side can see anything.(저쪽엔 볼 게 없어요.)'

그건 '저쪽엔 아무것도 안 보여요.'란 뜻인데요? 그리고 'that side'를 쓰려면 지칭하는 대상에 정확한 '면'이 있어야 해요. 자동차나 배, 건물처럼요.

그럼 'side' 말고 'way'를 살려보면 어떨까? 'That way isn't main.(그 길은 중요하지 않아.)'

그 문장은 이렇게 바꾸면 자연스러워지겠네요. 'That way isn't the main area.(그쪽은 중요한 지역이 아니야.)' 근데 오늘의 상황에선 '저쪽엔 볼 게 없다'는 의미를 직접적으로 표현해야 하니 'There'로 시작하는 게 좋겠어요.

▶▶ 그래서, 타일러가 준비한 표현은?

654

There's nothing to see over there.

* **해석** 저쪽엔 볼 게 없어요.

Check!

* there's nothing - 거기엔 없다
* over there - 저쪽에

타일러 Tip

'nothing'은 '없음'을 강조하는 단어죠? 근데 '별로 없다'는 뜻을 살리고 싶다면 'There's nothing' 부분을 'There's not much (There isn't much.)'로 바꿔도 돼요.

655 봐, 나만 그런 게 아니네!

바로 듣기

전 스트레스 받으면 매운 음식이 당겨요. 아내는 매운 거 먹으면 더 스트레스 받지 않냐고 하던데, 저 같은 사람 많죠? 나뿐만이 아닐 때 하는 '봐, 나만 그런 게 아니네!'란 말, 영어로는 뭔가요?

나만 그런 게 아니란 건 다시 말해 모두가 그렇다는 뜻이잖아. 'Everybody does it.(모든 사람이 한다.)'

오늘의 표현에는 '모든 사람한테 발생한다.'는 뉘앙스가 있어야 하지 않을까요? 만약 꼭 'everybody'를 써야 한다면 'It happens to everybody.(그건 누구에게나 그런 거야.)'라고 하는 게 훨씬 자연스러워요. 나만 그런 게 아니라는 느낌은 전달할 수 없지만요.

그럼 '대부분이 그런 거 같다.'란 말을 넣어볼게. 'For the most part it, …'

그건 '나의 생각'을 표현하는 말이에요. '내 머릿속에 여러 생각이 있는데 그중 대부분을 차지하는 생각은 이것'이란 뜻이거든요. 오늘의 표현과 관련된 힌트를 좀 드릴까요? 가수 Sam Smith의 노래 제목이랑 같아요.

▶▶ 그래서, 타일러가 준비한 표현은?

655

See, I'm not the only one.

* **해석** 봐, 나 혼자가 아니야.

Check!

* only - 오직
* the only one - 유일한 그 사람

타일러 Tip

서로 연애하는 사이에서 'I'm not the only one.'이라고 말하면 상대가 양다리를 걸치고 있다는 뜻이 되겠죠? 지금 하고 있는 일이 너무 싫어 회사를 그만두고 싶다는 생각을 하고 있었는데, 막상 알고 보니 다른 사람들도 똑같이 생각하고 있는 경우에도 오늘의 표현을 쓸 수 있어요. 어떤 생각이나 행동을 나만 하는 상황이 아닐 때라면 언제든 쓸 수 있는 표현이니 잘 기억해두세요.

656

필요할 때 불러줘.

저에게도 직장 후배가 생겼는데요, 종종거리면서 뛰어다니는 모습을 보니 옛날 생각도 나고 안쓰럽더라고요. 후배에게 '필요할 때 불러줘!'라고 자신 있게 외쳤는데, 영어로도 배우고 싶어요.

날 불러달라는 거니 'Hey, call me when you need me.(이봐, 네가 날 필요로 할 때 날 불러줘.)'

call을 넣으면 '필요할 때 전화해.'란 뜻이 되어버려요. 필요할 때 '부른다'는 건 한국식 표현이고, 영어식으로 말하려면 '알려주다'를 넣어야 해요.

아, 알았다! 'Let me know when you need me.(필요할 때 알려줘.)'

맞아요. 그 방향이고, 거의 다 왔어요. 'when'이 아닌 다른 단어를 넣으면 완벽해지겠네요. 'when'을 대신할 단어, 뭘까요?

▶▶ 그래서, 타일러가 준비한 표현은?

656

Let me know if you need me.

* **해석** 내 도움이 필요하면 알려줘.

Check!

* let me know - (나에게) 알려주세요
* need ~ - ~이/가 필요하다

타일러 Tip

알려달라고 할 때 뒷부분을 모두 생략하고 간단하게 'Let me know.'라고만 해도 뜻이 통해요. 실제로 이렇게 말할 때도 많고요.

나 바람맞았어.

바로 듣기

남자친구가 술을 마시고 뻗었는지, 데이트 약속 장소에 안 나와서 저 혼자 1시간 넘게 기다리면서 아주 제대로 바람맞았어요. '나 바람맞았어.'를 영어로 배우면서 열 좀 식힐래요.

그 사람이 안 나타났다는 거니 'He didn't show up.'

그가 나타나지 않았다는 뜻은 전달되지만, 내가 바람맞았다는 느낌이 살진 않네요. 다시 도전해보세요.

'He turn back out at the last minute.(그는 몇 분을 남겨놓지 않고 다른 데로 가버렸어요.)'

그렇게 표현하고 싶다면 문장을 좀 바꾸는 편이 좋겠어요. 'He backed out at the last minute.' 그는 마지막 순간에 후진했다, 즉 취소했다는 뜻의 문장으로요. 그런데 오늘의 상황에선 내가 바람을 맞은 거니 문장도 'I'로 시작하는 게 맞지 않을까요?

그럼 'I got…', 음….

뒤는 제가 이어볼까요?

▶▶ 그래서, 타일러가 준비한 표현은?

657

I got stood up.

＊해석 나 서 있었어.

Check!

＊stood(stand의 과거형·과거분사형) - 서 있었다

타일러 Tip

'stand up'은 기본적으로 '일어서다'란 뜻인데, 누군가를 'stand up'한다고 하면 누군가와 약속을 잡아놨는데 그 사람이 안 나타나 계속 서 있게 되는 행동을 뜻해요. 바람맞은 사람이 주어가 될 땐 'get stood up(바람맞다)'이란 표현을 쓰는데, 오늘 상황의 경우 그 일이 과거에 일어났기 때문에 'get' 대신 'got'을 쓴 거랍니다.

658

간이 딱 맞아요.

저희 시어머니는 '아가~ 음식 간 좀 봐줘.' 하고 부르실 때가 많아요. 시어머니의 음식을 한 입 먹어보고 딱 좋다 싶으면 '간이 딱 맞아요.'라고 말씀드리는데, 이 말을 영어로는 어떻게 하나요?

'간'이라는 영어 단어는 없을 거 같으니 'tasty'를 써볼게. 'Wow, Tasty is perfect.(와, 맛이 완벽해요.)'

아주 좋은데요? 문장을 조금만 수정하면 될 거 같아요. 철업디는 방금 그 문장에서 'tasty(맛있는)'란 형용사를 명사처럼 쓰셨는데, 동사를 써서 문장을 만들어보면 어떨까요?

떠오르는 게 몇 가지 있네. 'It tastes good to me.(그거 나한텐 맛있어.)' 'It tastes perfect to me.(그거 나한텐 완벽한 맛이야.)' 'It tastes match with me.(그거 나랑 딱 맞는 맛이야.)'

물론 그 표현들도 좋은데, 정말 간단한 딱 한 단어짜리 표현이 있어요.

▶▶ 그래서, 타일러가 준비한 표현은?

658

Perfect.

* **해석** 완벽해요.

Check!

* perfect - 완벽한

타일러 Tip

오늘의 표현은 정황상 이미 음식 맛을 본 상태에서 하는 말이어야겠죠? 그러니 굳이 '맛(taste)'이라는 단어를 쓸 필요 없이 'Perfect.'라고 하는 것만으로도 충분해요. 그래도 꼭 문장으로 표현하고 싶다면 'It tastes perfect.(완벽한 맛이에요.)'라고 하면 된답니다.

- What do you think of the food? Perfect? = 음식 맛 어때? 완벽하지?

659

매번 나만 걸려!

회사에서 점심식사 후 후식 사오기 사다리 게임을 했는데 또 제가 걸렸어요. 저처럼 게임만 했다 하면 꼭 걸리는 사람 있죠? '매번 나만 걸려!' 영어로는 뭐라고 하면 될까요?

항상 게임에서 진다는 거니까… '**Only person the I lose the game.**(내가 게임에서 진 유일한 사람이야.)'

문장이 좀 어색해요. 매번 나만 걸리는 상황이라면 생각나는 단어가 있지 않나요?

'**always me**'! 문장을 만들어보자면… '**I always lose the game.**(나는 항상 게임에서 져.)'

근데 여기서 중요한 건 뭘까요? 이기고 지는 것 자체가 아니라 '매번' 진다는 거, 그래서 '왜 항상 나한테만 이런 일이 생기는 거야?'란 의문을 갖게 되는 거 아닐까요?

'**It always happen to me.**(내겐 항상 그런 일이 생겨.)'

'It' 말고 'Why'로 시작해보면 어떨까요?

▶▶ 그래서, 타일러가 준비한 표현은?

659

Why is it always me?

* **해석** 왜 항상 나야?

Check!

* why - 왜
* always - 항상

타일러 Tip

오늘의 표현에 있는 'it'은 '지는 사람'을 뜻해요. '그것', 즉 '지는 사람'이 왜 나여야만 하냐고 물어보는 문장인 거죠. 그러니 '왜 항상 나야?', '왜 하필이면 나야?'를 의미하는 표현이 되는 거고요.
비슷한 표현으로 'Why does it always happen to me?(왜 항상 나에게만 일어나는 거야?)'를 쓸 수도 있어요.

어쩔 수 없지 뭐.

바로 듣기

제 남편은 후회를 많이 해요. 그럴 때마다 저는 '어쩔 수 없지, 뭐.'란 말로 위로를 해주죠. 지나간 일은 다시 되돌릴 수 없으니까요. 제 위로를 영어로는 어떻게 표현할 수 있나요?

'나는 그걸 도와줄 수 없어.'라는 의미의 문장으로 도전해볼게. '**I can't help it.**'

좋아요. 사실 '어쩔 수 없다.'라는 의미의 표현은 정말 다양해요. 근데 'I'로 시작하면 내가 주어라서 '나는 어쩔 수 없다.'란 뜻이 되죠. 그러니 상대의 입장에서 '어쩔 수 없었겠다.'는 이야기를 하려면 어떻게 말해야 할까요?

'**You couldn't help it.**(넌 어쩔 수 없었어.)'

아주 아주 좋아요! 실제로 정말 많이 쓰는 표현이기도 하고요. 상대방이 안 좋은 결과를 냈지만 어쩔 수 없이 그렇게 된 상황에서 위로할 때 쓰죠. 오늘 제가 갖고 온 표현과는 좀 다르지만요.

▶▶ 그래서, 타일러가 준비한 표현은?

660

It is what it is.

* **해석** 다 그렇지, 뭐.

Check!

* what - 무엇

타일러 Tip

상황을 바꿀 순 없으니 받아들여야 한다고 말할 때 오늘의 표현을 자주 써요. 이미 벌어진 일은 수긍하고 지나가야 한다는 태도도 담고 있죠.

A : I'm sorry, but we can't offer you the job.(죄송해요. 당신에게 일자리를 제공해드릴 수가 없네요.)

B : It is what it is.(어쩔 수 없죠.)

복습하기

646 ~ 660

- 잠이 달아났어.
- 나 말리지 마.
- 들들 볶지 마.
- 절차대로 해야 합니다.
- 안 봐도 비디오지.
- 입술 좀 그만 뜯어.
- 왜 나한테만 시켜!
- 몸이 옛날(20대) 같지 않아.
- 저쪽은 별로 볼 게 없어요.
- 봐, 나만 그런 게 아니네!
- 필요할 때 불러줘.
- 나 바람맞았어.
- 간이 딱 맞아요.
- 매번 나만 걸려!
- 어쩔 수 없지 뭐.

복습하기

- I'm wide awake.
- Don't try to stop me.
- Stop begging.
- We have to follow protocol.
- I know how this goes.
- Stop biting your lips.
- Why do I have to do it?
- I'm not in my 20s anymore.
- There's nothing to see over there.
- See, I'm not the only one.
- Let me know if you need me.
- I got stood up.
- Perfect.
- Why is it always me?
- It is what it is.

661

그 사람은 너무 게을러.

세상 모든 일이 귀찮다면서 너무너무 게으르게 사는 사람들이 참 많죠? 한국에선 그런 사람들을 나무늘보에 비유하기도 하는데, 영어로는 어떻게 표현하나요?

게으른 건 일을 안 하고 있다는 거지? 'He doesn't work.(그는 일을 안 해.)'

오늘 상황의 포커스는 딱 일에만 맞춰진 게 아니죠? 모든 일에 있어 게으르다는 거니 'work'는 아닌 거 같아요.

'He doesn't do anything.(그는 아무것도 안 해.)'

좋은데요? 그리고 더 강조해서 말하고 싶은 경우엔 'anything'을 발음할 때 힘을 주면 뜻이 더 잘 전달돼요. 근데 제가 오늘 준비한 것과는 다른 표현이에요.

'He never moves.(그는 절대 안 움직여.)'

청취자 분이 이야기했듯 한국어에선 게으른 사람을 나무늘보라고도 하잖아요? 마침 영어에도 게으른 사람에게 딱 쓰는 표현이 있어요.

▶▶ 그래서, 타일러가 준비한 표현은?

661

He's a lazy bum.

* **해석** 그는 너무 게으른 사람이야.

Check!

* lazy - 게으른, 느긋한, 성의가 부족해 보이는
* bum - 엉덩이

타일러 Tip

'bum'은 한 군데에 엉덩이 붙이고 앉아 구걸하는 사람을 뜻해요. 그래서 게으른 사람을 말할 때 'lazy bum'이라고 하죠. 아무것도 안하고 빈둥거리고 있으면 'Don't be such a lazy bum.(그런 게으른 사람이 되진 마.)'란 잔소리가 쏟아지겠죠? 저도 엄마한테서 많이 들었어요.

이 악물고 해.

바로 듣기

새해 계획으로 운동을 결심했는데, 쉽지 않네요. 헉헉거리면서 뛰다가 힘들어져 하기 싫다고 징징대면 아내가 따끔하게 한마디 하곤 해요. '이 악물고 해.' 이 말을 영어로도 외워 두고 힘내볼게요.

이를 세게 무는 거니까 'You have to do close your teeth strongly.(너는 이를 세게 물어야 해.)'

상대방에게 그런 모습을 보여달라고 잘 묘사한 문장이네요. 근데 이를 악문다는 말엔 인내하면서 노력한다는 뜻이 있잖아요. 그런 의미가 담겨야겠죠?

그럼 이런 건 어때? 'You have to do 'ANG!' you teeth strongly.' 이를 악무는 모습을 하면서 '앙!'이라고 외치면 뜻이 통하겠지?

하하하! 정말 재미있네요. 문화적으로 보면 영어권에선 '앙'보다 '으~'가 더 와닿지만요. 제가 가져온 표현에도 'teeth'가 들어가는데, 진짜 많이 쓰는 말이니 외워두시면 좋아요.

▶▶ 그래서, 타일러가 준비한 표현은?

662

Just grit your teeth and bear it.

* **해석** 이 악물고 견뎌.

Check!

* grit - 갈다, 투지, 기개
* teeth(tooth의 복수형) - 치아
* bear ~ - ~을/를 참다, 견디다

타일러 Tip

'grit someone's teeth'는 '이를 악물다'라는 뜻이에요. 한국식으로는 철업디가 말했듯이 '앙!', 미국식으로는 '으~!' 하는 행동에 해당하죠. 이건 하나의 숙어니까 한 덩어리로 익혀두시는 편이 좋아요. 'bear'는 '참다', '견디다'의 뜻이니, 오늘의 표현은 '이 악물고 참아내.'란 의미가 되겠죠.
참고로 'grit'를 명사로 쓸 수도 있어요. 이때의 뜻은 '투지', '기개'랍니다.
- He has grit. = 그는 투지(혹은 기개)가 있다.

663

다시는 마주치지 말자.

딴 여자가 좋아졌다면서 저를 차버린 전 남친과 우연히 마주쳤어요. 근데 낯짝 두껍게 인사를 하더라고요? 그때 제가 했던 이 말, 영어로 알려주세요. '다시는 마주치지 말자.'

'We are not going to see each other.(우리는 서로 만나지 않을 것이다.)'

그 문장에선 '나'의 의지가 잘 드러나지 않는 것 같네요.

'I don't want see you anymore.(나는 당신을 더 이상 보고 싶지 않아요.)'

오, 정답이라 해도 괜찮을 정도로 매우 좋아요! 근데 오늘 제가 가져온 표현에는 'anymore' 대신 다른 단어가 들어가요.

▶▶ 그래서, 타일러가 준비한 표현은?

663

I don't want to see you ever again.

* **해석** 널 다시 보길 절대 원하지 않아.

Check!

* want to ~ - ~하길 원하다
* again - 다시

타일러 Tip

오늘의 표현에서 'ever'를 빼고 'I don't want to see you again.'이라고만 하면 '다신 보고 싶지 않다' 정도의 뜻이 되죠. 그런데 여기에 'ever'가 붙으면 '절대'라는 의미를 강조하는 문장이 됩니다.
그보다 더 강하게 뜻을 전달하고 싶을 땐 문장을 줄여도 돼요. 'don't'와 'ever'를 함께 쓰면 '절대 ~이/가 아니다'라는 절대부정의 표현이 되는데, 이 두 단어를 합쳐서 줄인 'never'는 더 강한 의지를 나타내거든요. 오늘의 표현도 'I never want to see you again.'로 줄여서 말하면 의미가 더 강해지겠죠?

돈이 아깝지 않아.

물가가 올라서 이젠 영화 티켓 가격도 만만치가 않네요. 그래도 재밌는 영화를 보고 나면 돈이 아깝다는 생각이 전혀 안 들어요. '돈이 아깝지 않아.'는 영어로 뭘까요?

'Money isn't an issue.(돈은 문제가 되지 않는다.)'

'isn't an issue'는 뭔가를 구입할 때 '여유가 있으니 더 비싼 거 사도 된다.', 즉 돈 상관하지 말고 너 사고 싶은 거 사란 뜻이에요.

몰아서 본다는 건 계속 본다는 뜻이기도 하니까 'You don't need to save the money.(당신은 돈을 절약할 필요가 없습니다.)'

의미가 많이 벗어났네요. 돈이 아깝지 않다는 건 내가 쓴 돈이 가치를 가진다는 뜻이기도 하겠죠? '가치' 쪽으로 접근하면 어떨까요?

▶▶ 그래서, 타일러가 준비한 표현은?

664

It's worth it.

* **해석** 그럴 가치가 있어요.

* worth - 가치가 있는

타일러 Tip

'worth'가 들어가는 표현 중 오늘의 표현과 함께 매우 많이 사용되는 걸 하나 더 알려드릴게요. 바로 'For what it's worth(내 말이 도움이 될진 모르겠지만)'랍니다. 가치가 높거나 현재의 상황을 뒤집을 만한 건 아니지만 자신의 의견을 밝힐 때 쓰는 말이니 잘 기억해두었다가 사용해보세요.

- For what it's worth, I think it's important to be honest.= 내 말이 도움이 될진 모르겠지만, 나는 정직한 것이 중요하다고 생각해.

몰아 보기 하는 중이야.

바로 듣기

제 취미는 쉬는 날 침대에 누워서 드라마를 몰아 보는 거예요. 그러고 있으면 시간 가는 줄을 모르겠더라고요. 근데 미국에서도 '나 드라마 몰아 보기 하는 중이야.'란 말을 하나요?

'I'm watching all seasons.(나는 모든 시즌을 보고 있어.)'

몰아서 한꺼번에 보고 있다는 의미는 빠진 문장 같은데요?

'I'm watching the drama continuously.(나는 드라마를 계속 보고 있어.)'

그런 식으로 설명하는 것도 나쁘진 않겠네요. 근데 그거 아세요? 한국어로 '몰아 보기'라는 말이 있듯이, 영어에도 지금 딱 이 상황을 뜻하는 단어가 있다는 걸요.

▶▶ 그래서, 타일러가 준비한 표현은?

665

I'm binge-watching.

* 해석 몰아 보기 하는 중이야.

Check!

* binge-watching - 몰아 보기(TV 프로그램의 여러 에피소드를 짧은 시간 안에 한꺼번에 보는 것)
* binge - (음식을 먹거나 술을 마시며) 한동안 흥청망청하기, 폭식/폭음하다

타일러 Tip

'binge'는 부정적 의미의 단어예요. 뭔가를 그만두지 못하고 있다는 뉘앙스가 담겨 있거든요. 그래서 'binge eating(엄청난 폭식)', 'binge drinker(폭음하는 사람)' 같은 식으로 사용되죠.
참, 오늘의 표현은 'I'm binging.(몰아서 하는 중이야.)'처럼 맨 뒤의 단어를 생략한 형태로 쓰일 수 있다는 점도 기억해두세요.

폭풍눈물을 쏟았어.

바로 듣기

사무실에서 가족 간의 사랑을 다룬 다큐 프로그램을 보다가 펑펑 울었어요. 제가 우니까 부장님, 대리님 모두 다 같이 눈물을 쏟았는데요, '폭풍눈물을 쏟았어.'의 영어 표현을 알고 싶어요.

'I completely cried.(나는 완전히 울었어.)'

의미는 전달되지만 펑펑 우는 느낌이 전달되진 않네요. 힌트를 드릴까요? 뭔가가 많이 웃길 때 한국말로 뭐라고 하죠? 배꼽이…?

'배꼽이 빠진다.'라고 하지. 그럼 '눈이 빠진다.'라고 해야 하는 거야? 'My eyes are put it out.(내 눈은 그걸 밖으로 밀어냈어.)'

헉, 그건 아니에요! 'my eyes'와 'out'은 들어가지만요.

▶▶ 그래서, 타일러가 준비한 표현은?

666

I bawled my eyes out.

* **해석** 나는 눈이 빠질 정도로 울었어.

Check!

* bawl - (화를 내며) 고함치다, 울어대다
* eye - 눈

타일러 Tip

'bawl' 대신 'cry'를 써서 'I cried my eyes out.'라고 해도 되긴 하는데, 사실 두 단어의 뜻은 조금 달라요. 'bawl'은 어떤 것에 감동받거나 공감해서 눈물만 흐르는 걸 뜻하고, 'cry'는 소리도 같이 내면서 우는 걸 의미한답니다.

667

우리 땡땡이칠까?

바로 듣기

수업을 빼먹거나 해야 할 일을 안 하고 게으름 피우고 싶을 때 '우리 땡땡이칠까?'라고 묻곤 하잖아요. '땡땡이친다'는 말이 영어로도 있나요?

땡땡이치는 건 건너뛰는 것이기도 하잖아? 'Can you skip it?(너 건너뛸래?)'

정확한 표현이에요. 'Can you skip class?', 'Can you skip work?', 'Can you skip school?' 등 'it'의 자리에 이것저것 넣어도 되고요. 근데 'skip'의 단어 뜻 그대로를 쓴 이런 문장들 말고, '땡땡이'를 무언가에 비유하는 표현도 영어에 있어요.

뭔가를 땡땡이친다는 건 출석이 아닌 결석을 한다는 거니까… 'Can we absent?(우리 결석할까?)'

뜻은 통하죠. 근데 너무 직설적인데요?

▶▶ 그래서, 타일러가 준비한 표현은?

667

Should we play hooky?

* **해석** 우리 땡땡이칠까?

Check!

* play - 놀다, (게임놀이 등을) 하다
* hooky - (학교, 직장을) 꾀부리고 빼먹기

타일러 Tip

'hooky'에는 수업이나 일을 빼먹고 재밌는 일을 하러 간다는 의미가 있어요. 한국어의 '땡땡이'도 그런 목적성을 드러내는 단어니까 'hooky'와 뜻이 잘 맞죠.
그런데 반드시 언제나 오늘의 표현을 그대로 쓸 필요는 없어요. 'should'를 뺀 문장, 즉 'Want to play hooky?'나 'Let's play hooky!' 등과 같이 써도 좋으니 다양하게 활용해보세요.

668

20점은 자랑할 게 못돼.

20점 맞은 첫째 아들과 빵점 맞은 둘째 아들이 서로 잘났다고 싸우고 있더군요. 제 보기엔 둘 다 한심해 소리를 빽 질렀죠. '너희 둘. 빵점이나 20점이나 도토리 키 재기야 !' 쓸데없는 일로 싸우는 아이들을 영어로도 혼내고 싶어요.

서로 비슷비슷하다는 얘기잖아? 'Half and half!(반반!)'

어? 도토리 키 재기는 차이가 없거나 비슷비슷하다는 뜻 아닌가요? 반반은 딱 나뉘는 거잖아요.

그럼… 'There is no differences.(차이가 없어.)'

'no'가 아닌 'same'을 써야 별로 다를 거 없다는 의미가 돼요. 근데 오늘 제가 가져온 표현은 조금 달라요. 쓸데없는 일로 티격태격하지 말라는 뉘앙스를 넣은 문장이거든요.

▶▶ **그래서, 타일러가 준비한 표현은?**

668

20 points is nothing to brag about.

* **해석** 20점은 자랑할 만한 게 아무것도 없어.

Check!

* nothing - 아무것도
* brag - (심하게) 자랑하다
* about ~ - ~에 대한

타일러 Tip

오늘의 표현에선 문장을 중간에 한 번 끊어서 말하는 게 포인트예요. '20 points is'까지 읽고 나서 한 번 잠시 끊었다가 'nothing to brag about.'라 말하는 거죠. 'Nothing to brag about ~'은 '~에 대해 자랑할 만한 게 아무것도 없어.'란 뜻으로, 서로 잘났다고 다투는 경우에 쓸 수 있는 표현이에요.

669

잠이 보약이야.

제 여자친구는 평소엔 다정하고 잘 웃고 친절하지만, 잠을 잘 못 자고 나온 날엔 엄청 까칠해요. 역시 잠이 보약인 거겠죠? '잠이 보약이야.'의 영어 표현이 궁금합니다.

보약도 약이니까 이렇게 해보면 어떨까? 'Sleeping is best medicine.(잠은 가장 좋은 약이야.)'

알아듣긴 하겠지만 자연스럽진 않아요.

'If you sleep a lot, you'll be healthy.(잠을 많이 자면 건강해져.)'

건강해진다는 말까지 할 필요가 있을까요? 잠을 못 자면 까칠해진다는 건 잠만큼 좋은 게 없다는 뜻이니, 그 방향으로 생각해보세요.

▶▶ 그래서, 타일러가 준비한 표현은?

669

There's nothing like a good night's rest.

* 해석　하룻밤 푹 자는 것보다 좋은 건 없어요.

Check!

* good - 좋은
* night - 밤
* rest - 쉬다, 휴식을 취하다

타일러 Tip

'there's nothing like ~'라고 하면 '~ 같은 게 없다'는 뜻이에요. 그래서 이 표현 뒤에는 '유일무이하게 굉장히 좋은 것'이 따라와야 하고요. 오늘의 표현에선 'a good night's rest'가 바로 그 '엄청 좋은 것'에 해당하는 거죠.

- There's nothing like spending time with loved ones.
  = 사랑하는 사람들과 시간을 보내는 것보다 좋은 건 없어.
  There's nothing like a warm cup of coffee on a cold morning. = 추운 아침에는 따뜻한 커피 한 잔보다 좋은 건 없어.

내가 네 편이 되어줄게.

회사에서 안 좋은 일이 있었는지, 남편이 밥도 잘 못 먹고 잠도 잘 못 자네요. 그래서 남편에게 '내가 니 편이 되어줄게.'라고 해줬어요. 영어에선 누군가를 응원할 때 어떻게 말하나요?

'편'이니까 'side'를 써야겠지? 'I will be your side.(나는 네 편을 할게.)'

그건 '내가 당신의 옆구리를 할게요.'란 뜻이에요. 중요한 단어가 하나 빠져서 이상한 문장이 되었는데, 힌트를 드리자면 장소 앞에 나오는 전치사예요.

'at'을 써서 'I will be at your side.'라 해볼까?

그렇게 하면 옆에 서 있겠다는 뜻이야 되지만, 네 편을 든다는 의미까지 전달하진 않아요. 또 'I will'은 미래 시제니 '그럼 지금까진 내 편이 아니었어?' 하는 생각을 갖게 할 수도 있고요. 그러니 'I will'보다는 'I'm'으로 문장을 시작하는 편이 좋겠죠.

▶▶ 그래서, 타일러가 준비한 표현은?

670

I'm on your side.

* **해석** 나는 네 편이야.

Check!

* side - (위치, 지역의 좌우 어느 한)쪽/편

타일러 Tip

오늘의 표현에선 전치사가 반드시 'on'이어야 해요. 'side'는 누군가 혹은 무엇이 포함되어 있는 쪽(진영)을 뜻하죠. 그쪽 진영, 그쪽 범위 '위에' 서 있는 이미지를 연상하며 오늘의 표현을 연습하면 'on'을 써야 한다는 점도 잘 기억할 수 있을 거예요.

671

(문제의 답을) 다 찍었어.

바로 듣기

아들에게 자격증 시험 잘 봤냐고 물어봤더니 '다 찍었어.' 하는 거 있죠. 이 녀석을 도대체 어떻게 해야 할지…. 그건 그렇고, '다 찍었어.'는 영어로 뭐라고 하는지 궁금해요.

시험문제 찍을 때 ③번으로 많이 찍잖아? 'I clicked the number 3.(나는 숫자 3을 클릭했어.)'

뜻이야 통할 수 있겠지만, 오늘의 표현과는 거리가 좀 머네요.

'추측하다'란 뜻의 'guess'를 써서… 'I guess all correct answer.(내 답이 다 맞는 거 같아요.)'

'I guess'로 시작한 건 좋은데 시제를 좀 바꿔야겠죠? 시험은 이미 끝났으니 'guess'에 '-ed'를 붙여서 과거형으로 써야죠. 그 뒤에선 무엇을 얼마나 'guess'했는지를 이야기하면 되고요.

▶▶ 그래서, 타일러가 준비한 표현은?

671

I (just) guessed everything.

*** 해석** 나는 모든 걸 추측해버렸어.

Check!

* guess ~ - ~을/를 추측하다, 짐작하다
* everything - 모든 것

타일러 Tip

오늘의 표현은 시험 문제의 답을 전부 찍었을 때 쓸 수 있어요. 만약 모든 문제가 아닌 몇몇 문제에서만 답을 찍었다면 다음과 같이 표현하면 돼요.

- I guessed on a few questions. = 몇 문제는 찍었어.
- I guessed some. = 좀 찍었어.
- I guessed the last 10 questions. = 마지막 열 문제는 찍었어.

건너 건너 다 아는 사이야.

바로 듣기

살다 보면 한 다리만 건너도 다 아는 사람들이라 착하게 살아야겠다 싶어질 때가 많아요. '건너 건너 다 아는 사이야.', 영어로는 뭔가요?

'We are knowing each other.(우리는 서로를 알고 있다.)'

그 방향으로 가면 좀 멀어지겠는데요? '한 다리만 건너도'는 아는 사람들이 계속 연결된다는 의미잖아요. 그 점을 생각해보세요.

'We are acquaintance.(우리는 지인이다.)'

와, 'acquaintance'란 단어를 아시는군요? 근데 이건 오래된 한자어처럼 딱딱한 느낌이 너무 강해요. 머릿속으로 한번 상상해보세요. '우리 의외로 가깝구나.' '이 바닥 좁구나.' 이런 생각이 들 땐 뭐라고 말할까요?

▶▶ 그래서, 타일러가 준비한 표현은?

672

Small world.

* **해석** 좁은 세상이야.

Check!

* small - (크기, 수, 양 정도가) 작은/적은, 소규모의
* world - 세상

타일러 Tip

오늘의 표현 앞에 'What a'를 붙여 'What a small world!(세상 참 좁네!)'라 해도 좋아요. 미국 드라마에서 자주 들을 수 있고, 실생활에서도 정말 자주 쓰는 표현이니 기억해두세요.

너 길치구나?

전 엄청난 길치라 서너 번 가본 친구 집도 늘 헷갈려요. 길에서 헤매느라 약속 시간에 매번 늦다 보니 '너 길치구나?'란 이야기를 자주 듣네요. 영어로는 어떻게 말하나요?

길치는 대개 방향 감각이 없는 사람이지? 'You don't have a direction sense.(당신은 방향 감각이 없어요.)'

오, 정답에 근접했어요. 근데 'direction sense' 부분은 전치사를 이용해서 좀 바꿔볼까요?

'You don't have sense of direction.(당신은 방향의 감각이 없어요.)'

아, 아까워요! 단어 하나가 빠졌거든요. 'have' 뒤에 'a'만 넣으면 완벽해요. 오늘 제가 가져온 표현과는 다르지만요.

▸▸ 그래서, 타일러가 준비한 표현은?

673

You're not good with directions, are you?

* **해석** 길을 잘 못 찾는구나. 그치?

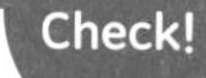

* directions - 길 안내

타일러 Tip

오늘의 표현 끝부분에 'are you?'가 붙은 건 '그렇죠?'란 뜻이에요. 이렇게 말하면 자기가 말하고자 하는 바를 좀 더 또렷한 느낌으로 전달할 수 있죠.
또 영어에선 이런 표현을 붙여 의문문 형태로 말할 때 오히려 더 가벼운 분위기를 만들 수 있어요. 'You're not good with directions.'까지만 말하고 문장을 끝내버리면 '너는 길치구나.' 하고 내가 판단해버린 느낌이지만, 'are you?'라고 살짝 물어봐주면 보다 부드럽고 가벼운 느낌을 줄 수 있어요.

택배가 잘못 배달됐어요.

제가 시킨 택배인 줄 알고 뜯었는데 아랫집 택배라 당황한 적이 있어요. '택배가 잘못 배달됐어요.'를 영어로 바꾸면 뭔가요?

우선 '택배'는 영어로 뭐야? 'delivery' 맞아?

오늘 사연에서의 '택배'는 사실 '택배 박스'를 뜻하는 거죠? 한국어의 '택배'는 배송과 물품 모두를 뜻하는 중의적 단어잖아요. 근데 미국에선 이 둘을 따로 구분해요. 'delivery'는 배송 시스템을 뜻하는 단어고요. 그럼 택배 박스는 뭐라고 할까요?

박스니까 'box'라 하면 될까? 'Box in not mine. It's wrong address.(내 박스가 아니에요. 주소가 잘못됐어요.)'

음… 일단 'box'보다 좋은 표현이 있고요, 철업디가 방금 이야기한 것도 한 문장으로 줄여서 말할 수 있어요.

▶▶ 그래서, 타일러가 준비한 표현은?

674

I got someone else's package.

* **해석** 다른 사람의 택배를 받았어요.

Check!

* someone else - 다른 어떤 사람
* package - 소포, 선물, 택배상자

타일러 Tip

택배나 소포 등의 배송 시스템을 통해 받은 상자를 영어에선 일반적으로 'box'가 아닌 'package'로 표현해요. 택배를 보내는 건 'send a package'라 하고, 자기 앞으로 온 택배를 경비실 같은 곳으로 찾으러 갔을 땐 'I came to pick up a package.(제 택배를 찾으러 왔어요.)'라고 말하면 돼요.

675

인생의 단맛, 쓴맛을 다 봤어.

바로 듣기

얼마 전 남자친구의 부모님께 인사를 갔는데, 아버님께서 그간 많은 일을 겪으셨다는 의미로 '인생의 단맛, 쓴맛 다 봤어.'라고 하시더라고요. 이 말, 영어로도 표현 가능할까요?

'I went through everything.(나는 모든 것을 경험했다.)'

그건 부정적인 뉘앙스가 강한 문장이에요. 단맛을 본 적도 있다는 느낌을 함께 전달해야죠.

그럼 이건 어때? 'My life was sweet sorrow.(내 인생은 달콤씁쓸했어.)'

'sweet sorrow'이 '달콤씁쓸하다'의 뜻은 맞지만, 이건 연애나 짝사랑을 할 때 쓰는 표현이에요. 내가 상대에게 주는 감정은 큰데 상대가 내게 주는 감정은 적거나 없을 때 느껴지는 슬픔을 뜻하거든요. 정답을 들으면 무척 쉽다고 생각하실 텐데….

▶▶ 그래서, 타일러가 준비한 표현은?

675

I've had ups and downs (in life).

* **해석** 나는 좋을 때도 있고, 안 좋을 때도 있었어.

Check!

* ups and downs - 흥망성쇠

타일러 Tip

'have ups and downs'는 좋은 것과 나쁜 것 모두가 있다는 뜻이에요.
청취자 분의 사연과는 다른 상황에서도 이 표현이 쓰일 수 있어요. 누군가 '새로운 회사에 다니는 거 어떠세요?'라고 물었을 때 'It's OK. It has its ups and downs.'라고 답하면 '좋아요. 거기 다니는 거엔 장단점이 있어요.'란 뜻이 됩니다. 좋은 것과 나쁜 것 모두가 있는 게 'have ups and downs'이니 이 문장에선 '장단점'을 의미하는 거죠.

복습하기

661 ~ 675

- 그 사람은 너무 게을러.
- 이 악물고 해.
- 다시는 마주치지 말자.
- 돈이 아깝지 않아.
- 몰아 보기 하는 중이야.
- 폭풍눈물을 쏟았어.
- 우리 땡땡이칠까?
- 20점은 자랑할 게 못돼.
- 잠이 보약이야.
- 내가 네 편이 되어줄게.
- (문제의 답을) 다 찍었어.
- 건너 건너 다 아는 사이야.
- 너 길치구나?
- 택배가 잘못 배달됐어요.
- 인생의 단맛, 쓴맛을 다 봤어.

복습하기

- He's a lazy bum.
- Just grit your teeth and bear it.
- I don't want to see you ever again.
- It's worth it.
- I'm binge-watching.
- I bawled my eyes out.
- Should we play hooky?
- 20 points is nothing to brag about.
- There's nothing like a good night's rest.
- I'm on your side.
- I (just) guessed everything.
- Small world.
- You're not good with directions, are you?
- I got someone else's package.
- I've had ups and downs (in life).

676

싼 게 비지떡이야.

바로 듣기

쇼핑할 때 가격만 보고 싼 제품을 덜컥 샀지만 금방 고장 나서 또 사야 하는 경험, 많이들 하시죠? 그때마다 '싼 게 비지떡이야.'라고 외치곤 하는데, 영어로는 어떻게 표현하나요?

가격이 낮기만 하다고 무조건 좋은 건 아니라는 거니까…
'Cheap isn't good thing.(싸다고 좋은 건 아니야.)'

'싼 게 비지떡'이란 말의 포인트는 뭘까요? 저렴한 제품들은 품질이 떨어지잖아요.

'If you buy cheapest things, it's a low quality.
(당신이 가장 싼 것을 산다면, 질이 낮다.)'

그렇게 풀어서 설명할 수도 있겠죠. 근데 그 문장을 좀 짧게 줄여보면 어떨까요?

▶▶ 그래서, 타일러가 준비한 표현은?

676

You get what you pay for.

* **해석** 당신이 돈을 지불한 만큼 받는 거야.

* pay - 지불하다

타일러 Tip

'you' 대신 'it'이란 주어로 문장을 시작하면 오늘의 표현을 다음과 같이 바꿀 수도 있어요.

- It's only worth what you paid for it. = 당신이 지불한 만큼의 가치가 있을 뿐이다.

677

흥분 좀 가라앉혀.

바로 듣기

제 친한 동료 하나는 누가 이야기를 시작만 해도 '어머어머, 진짜야? 하며 흥분해요. 이렇게 쉽게 오버하는 동료에게 늘 하는 '흥분 좀 가라앉혀.'란 말을 영어로 배우고 싶어요.

이거 진짜 많이 쓰잖아. 'Hey. Calm down.(이봐, 진정해.)'

좋아요. 근데 'calm down'은 이미 사건의 내용을 알고 있는 상태에서 흥분한 상대를 진정시키는 말이에요. 청취자 분의 동료는 미리 신나서 흥분한 상태니 조금 다른 뉘앙스의 표현을 쓰는 게 좋겠네요.

'Hey, Excuse me. Would you stop speaking?
(이봐요, 실례해요. 좀 조용히 하시겠어요?)

우와, 너무 직설적인데요? 듣는 사람 상처받겠어요.

'Would you turn down the volume, please?(소리 좀 낮춰주시겠어요?)'

음, 숨가쁘게 흥분한 사람에한테 '잠시만~' 하고 신호를 주려면 뭐라고 해야 할지 생각해보세요.

▶▶ 그래서, 타일러가 준비한 표현은?

677

Take a deep breath.

* **해석** 심호흡 좀 해.

Check!

* deep - 깊다, 깊은
* breath - (숨을 쉴 때 입에서 나오는) 입김(숨)

타일러 Tip

오늘의 표현을 'Take a breath.'로 잘못 말하지 않도록 조심하세요. 'take a breath'와 'take a deep breath'는 의미가 좀 달라요. 앞의 표현은 그냥 숨을 쉬라는 정도의 뜻이고, 뒤의 건 진정하라는 뜻이죠. 'deep breath'는 심호흡, 깊은 호흡을 말하니까요.

678

그동안 뒷바라지해줘서 고마워.

이직 준비로 힘들었던 남자친구가 드디어 이직에 성공했어요. 제게 '그동안 뒷바라지해줘서 고마워.'라고 하던데, 이 말도 영어로 바꿀 수 있나요?

상대가 나에게 협조해준 것에 감사하는 표현이어야 하잖아? 'Thanks for your support.(당신의 협조에 감사드려요.)'

좋긴 한데, 그건 그다지 친하지 않은 사이에서 쓸 거 같아요. 공익광고에서 나올 만한 'Thanks for your support.(당신의 기부에 감사드립니다.)' 같은 문구의 느낌이 들거든요. 'support'를 다른 말로 바꿔보세요.

연인 사이에서 하는 말이니까 'Thank you for giving your love.(너의 사랑을 줘서 고마워.)'라 하면 어떨까?

맞아요! 그런 방향으로 가는 게 좋아요.

▶▶ 그래서, 타일러가 준비한 표현은?

678

Thanks for being there for me.

* **해석** 나를 위해 있어줘서 고마워.

Check!

* thanks - 감사
* there - 거기에, 그곳에

타일러 Tip

'be there for'는 '(누군가 누구)를 위해 있다'란 의미인데, 그 속뜻을 살펴보면 '기댈 곳이 필요할 때 있어주다'란 뜻이에요. 예를 들어 'I'll be there for you.'는 당신을 응원해주고, 사랑해주고, 옆에서 도와주고, 뒷받침해주겠다는 의미를 담은 표현인 거죠.

679

늦잠을 자서 늦었습니다.

바로 듣기

전 잠이 많아 회사에 지각할 때가 많습니다. 오늘도 부장님이 왜 늦었냐고 물으셨는데, 거짓말하기가 좀 그래서 '늦잠을 자서 늦었습니다.'라 했네요. 다음엔 영어로 한번 말해볼까요?

늦었으니까 일단 'Sorry, I'm late…(죄송해요. 저는 늦었어요…)'로 시작해야겠네. 근데 늦잠이 이유란 걸 밝혀야 하니 'Sorry, I'm late that I slept late.(죄송해요. 저는 늦잠 자서 늦었어요.)'

문장을 조금 다듬어야겠는데요? 'because'를 중간에 넣어 'Sorry, I'm late because I slept late.'로요. 하지만 늦었다는 사실은 이미 서로 알고 있으니 'I'm late' 부분은 필요 없을 거 같아요.

'I'm sorry. I slept well.(미안해요. 나는 잘 잤어요.)'

네? 그렇게 말하면 부장님한테 완전 혼나지 않을까요? 그보다는 과음이나 과식처럼 '과하게'라는 뜻이 들어간 단어를 찾아보는 게 좋겠어요.

▶▶ 그래서, 타일러가 준비한 표현은?

679

I overslept.

* **해석** 늦잠 잤어요.

Check!

* oversleep(overslept의 과거형) - 늦잠잤다

타일러 Tip

늦잠을 잤다는 건 과하게 잤다는 뜻이죠. 'sleep(자다)'라는 동사 앞에 '과하다'란 뜻의 'over-'를 붙이면 '늦잠자다'가 돼요. 한국에서 '구토하다'라는 뜻으로 흔히 쓰이는 '오바이트'도 사실 영어로는 'overeat', 즉 '과식하다'란 의미의 단어랍니다. 'eat(먹다)'란 동사 앞에 역시 'over-'가 붙어 '지나치게 많이 먹다 = 과식하다'가 된 것이죠.
하지만 '과하게 술을 마신다'는 뜻의 영어 단어는 따로 없어요.
과음은 대개 'drink too much'라고 표현한답니다.
- I drank too much. = 나 과음했어.

680

마음에도 없는 말 하지 마.

여행 가고 싶으면 언제든 다녀오라고 했던 남편인데, 정말로 여행을 가겠다니 투덜거리네요. 이럴 거면 마음에도 없는 말을 왜 한 걸까요? '마음에도 없는 말 하지 마.'의 영어 표현이 궁금해요.

마음에도 없는 말이라는 건 가짜란 거잖아? 'You not gonna say with your fake.(가짜로 말하지 마.)'

그렇게 말하면 뜻이 통하긴 할 텐데, 'fake'는 오늘 상황에 적절하지 않아 보이네요.

마음에 없는 말은 무의미한 말이기도 하니 'You not gonna say meaningless.(의미 없이 말하지 마.)'

오늘의 표현에서 핵심적인 단어가 뭔지 유추하게 해주는 단어가 나왔네요. 바로 'meaningless'! 이 단어의 어근 부분, 그러니까 'mean'에 집중해서 생각해보세요.

▸▸ 그래서, 타일러가 준비한 표현은?

680

If you don't mean it, don't say it.

*** 해석** 너의 진심이 아니라면 말하지 마.

* mean ~ - ~을/를 의미하다, ~의 뜻이다

타일러 Tip

'mean'은 '의미하다, 뜻하다'란 뜻의 동사예요. 'I mean it.'이라고 하면 '내가 얘기하려 하는 바를 전달하기 위해 일부러 꺼낸 말', 즉, '진심'을 뜻하죠. 'If you don't mean it,'이 오늘의 표현에 들어간 것도 그 이유에서예요. '너의 말이 진심이 아니라면, don't say it.(말하지 마.)'라고 얘기하는 거죠.

681

가볍게 웃어넘겨.

제 친구는 굉장히 고지식한 편이라, 남들이 가볍게 하는 농담도 마음에 담아두고 깊게 고민하거나 여러 번 생각하곤 해요. 그런 친구에게 '가볍게 웃어넘겨.'란 말을 자주 하는데, 이 말의 영어 표현도 알려주세요.

'가볍게'를 살려서 'Take it lightly.(가볍게 생각해.)'

꼭 '가볍다'는 말이 들어갈 필요는 없어요.

그럼 미드에서 정말 많이 나오는 이 말을 써볼게. 'Take it easy.(진정하세요.)'

적당하지 않아요. 웃어넘긴다는 건 어떻게 생각한다는 걸까요?

걱정하지 않는다는 거 아닐까? 'Don't worry.(걱정하지 말아요.)'

'Don't'로 문장을 시작했다는 점이 좋네요. 그 뒤에 'take it'을 붙이고 단어 하나만 또 덧붙이면 되는데…. 〈배트맨〉 시리즈의 '조커'를 생각해보세요.

▶▶ 그래서, 타일러가 준비한 표현은?

681

Don’t take it seriously.

* **해석** 심각하게 생각하지 마.

Check!

* seriously - 심각하게, 진지하게, 진심으로

타일러 Tip

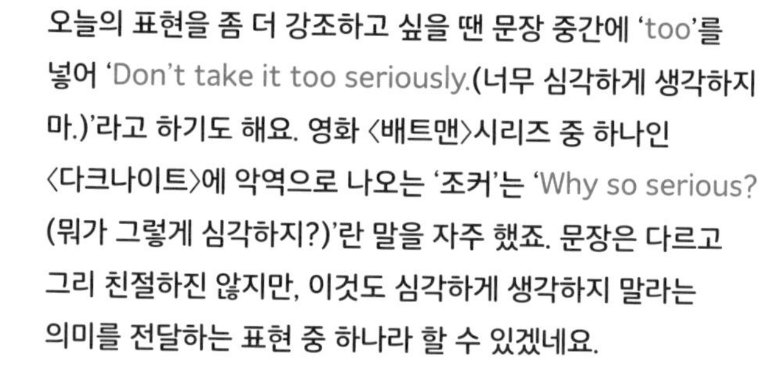

오늘의 표현을 좀 더 강조하고 싶을 땐 문장 중간에 ‘too’를 넣어 ‘Don’t take it too seriously.(너무 심각하게 생각하지 마.)’라고 하기도 해요. 영화 〈배트맨〉시리즈 중 하나인 〈다크나이트〉에 악역으로 나오는 ‘조커’는 ‘Why so serious?(뭐가 그렇게 심각하지?)’란 말을 자주 했죠. 문장은 다르고 그리 친절하진 않지만, 이것도 심각하게 생각하지 말라는 의미를 전달하는 표현 중 하나라 할 수 있겠네요.

682

깨작거리지 마.

바로 듣기

흔히 '육아의 반은 밥 먹이는 것'이라고들 하죠? 언니 대신 딱 하루 조카를 봐주면서 그게 무슨 말인지 체감했어요. 식사 때마다 조카가 어찌나 깨작거리던지 화나고 속상해 혼났네요. '깨작거리지 마.'는 영어로 뭔가요?

깨작거리는 게 뭘까 생각해봤는데, 새처럼 먹으면 그런 느낌이잖아. 'Stop eating like a bird.(새처럼 먹지 마.)'

처음 들어봤고 나쁘진 않지만 좀 더 직접적인 표현이 좋겠어요. 깨작댄다는 건 어떤 걸까요? 밥을 이리저리 만지고 장난치면서 잘 안 먹으려 하는 거겠죠?

'Hey, do you think not a delicious? You eating like a bird. Stop it.(이봐, 맛없다고 생각해? 넌 새처럼 먹고 있어. 그만둬.)'

문장이 너무 길고 아이에게 할 수 있는 말도 아닌데요?

그럼 간단하게 'Isn't it delicious?'

그건… 음식이 맛있는지 아닌지를 묻는 거 같네요.

▶▶ 그래서, 타일러가 준비한 표현은?

682

Don't play with your food.

* 해석 음식 갖고 장난치지 마.

Check!

* play - 놀다, (게임 놀이 등을) 하다
* food - 음식

타일러 Tip

'don't play with ~'란 명령문은 '~ 갖고 장난치지 마.'란 뜻이에요. 꼭 식사 자리에서만 쓰는 표현은 아니라서 'food' 대신 다른 단어를 넣어 얼마든지 다양하게 활용할 수 있고요. 하지만 반드시 '손으로 만질 수 있는 물건'에 해당하는 단어여야 한다는 점을 기억해두세요.

- Don't play with your knife. = 칼 갖고 장난치지 마.
- Don't play with your laundry. = 세탁물 갖고 장난치지 마.
- Don't play with my clothes. = 내 옷들 갖고 장난치지 마.

683

가성비 끝내준다!

'가격 대비 성능'을 줄여서 대개 '가성비'라고 하잖아요. 가격은 싼데 만족도가 높으면 '가성비 끝내준다!'고도 하고요. 영어로도 이걸 표현할 수 있을까요?

'That's great quality compare with the price. (가격에 비해 품질이 좋네요.)'

그렇게 풀어서 설명하면 뜻이 전달되긴 하겠네요. 근데 좀 더 짧게 줄일 수 있어요.

'price'를 살려서… 'Price is great.(가격 좋네요.)'

좋아요. 근데 '가성비'는 돈을 지불했을 때 내가 얻는 성능에 대한 개념이잖아요. 돈을 내고 무언가를 잘 받았다고 생각할 때 쓰는 단어를 떠올려 보실래요?

'I am happy with the price.(가격에 만족합니다.)'

그건 예를 들어… 집을 사려고 둘러보다가 가격을 보고선 '이 돈이면 사도 되겠다.' 싶을 때 쓰는 말이에요. 오늘의 상황에 적합하진 않겠죠?

▸▸ 그래서, 타일러가 준비한 표현은?

683

It’s a great deal.

* **해석** 그건 좋은 거래였어.

Check!

* great - 엄청난, 좋은
* deal - 거래(서), (사업상의) 합의

타일러 Tip

‘deal’이란 단어는 그 조건으로 거래하겠다는 의미를 가져요. 그래서 협의한 내용에 만족하면 ‘It’s a good deal.’ 또는 ‘It’s a great deal.’이라고 하죠. 반대로 바가지를 쓴 경우엔 ‘It’s a bad deal.’ 하면 되겠죠?

일리 있어.

바로 듣기

저는 남극에서 온 펭귄, 펭수를 정말 좋아해요. 펭수는 누군가 뭔가를 얘기하면 그 말을 곧바로 인정하면서 '일리 있네!'라 말하곤 하는데, 이걸 영어로는 어떻게 할까요?

쉬운데? 'You're right.(네가 옳아.)'

'일리 있다'는 건 완전히 맞는다는 게 아니라 어느 정도 맞는다는 뜻이잖아요? 논리가 어느 정도 정확한 구석이 있어서 그 부분은 인정한다는 뜻이니 'right'는 아니겠죠?

'You got a point.(네 말에 일리 있어.)'

그 방향이 좋아요. 근데 누군가의 말 중 일부분을 인정할 때, 한국어로도 문장을 완벽히 만들어 말하기보다는 그냥 '인정!'이라고 하곤 하잖아요. 영어에도 그거랑 딱 맞는 한 단어가 있어요.

▶▶ **그래서, 타일러가 준비한 표현은?**

684

True.

* **해석** 일리 있어.

Check!

* true - 진실, 사실인, 진짜의, 정확한

타일러 Tip

이 표현을 쓸 때는 억양이 상당히 중요해요. 완전히 인정할 때는 뒷부분이 내려가는 억양으로 'Oh, true(↘).'라 하죠. 그와 달리 상대의 말이 절대적으로 옳진 않지만 어느 정도 맞는 부분은 있다는 점을 말하고 싶을 때는 올라가는 억양으로 'True(↗).'라고 하고요.
특히 북미 영어권에서는 'True that.'을 많이 쓰곤 해요.
어순에 맞추자면 'That's true.'가 맞지만, 'True that.'으로 자주 사용되니 참고로 알아두세요.

685

귀에 딱지 앉겠어.

초등학생 아이가 밤 9시부터 숙제를 시작하기에 다다다다 잔소리를 좀 했더니 '엄마! 귀에 딱지 앉겠어요.' 하더라고요. 내가 좀 심했나 싶었는데, 영어에도 이런 표현이 있는지 궁금해졌어요.

딱지가 'scab' 맞지? 'Mom, stop it. There's so many scab in my ears.(엄마. 그만해요. 귀에 딱지가 너무 많아요.)'

에이~ 그 상황에서 영어로 정말 'scab'을 쓰겠어요? 너무 이상한 표현인데요?

그치? 딱지보다는 잔소리에 초점을 맞춰볼까? 'Stop nagging me.(나한테 잔소리 좀 그만해요.)'

좋아요. 제가 가져온 표현은 아니지만 실제로도 정말 많이 쓰이는 문장이고요. 근데 왜 귀에 딱지가 앉는다고 하는 걸까요? 이미 했던 말을 똑같이 계속 반복하기 때문이겠죠? 그럼 '나는 이미 당신의 말을 알아들었다.'는 점을 이야기하면 되지 않을까요?

▶▶ 그래서, 타일러가 준비한 표현은?

685

I heard you the first time.

* 해석 나는 처음에 이미 당신 말을 알아들었다.

Check!

* heard(hear의 과거형) - 들었다
* first time - 처음

타일러 Tip

위의 문장 뒤에 'Stop it.(그만하세요.)'을 붙여 'I heard you the first time. Stop it.'라고 하면 어떨까요? 그 행동을 그만하라고 명령하는 말투니 좀 위압적인 분위기가 되겠죠. 그래서 이 부분이 꼭 필요한 건 아니에요.
반대로 'Please.'를 붙여 'I heard you the first time. Please.'라고 하면 처음부터 당신 말을 이미 알아들었음을 알려주는 거라 그리 위압적인 느낌을 주진 않아요. 하지만 그냥 오늘의 표현 그 자체로도 의미를 충분히 전달할 수 있기 때문에 미국 사람들은 굳이 'Please.'를 덧붙이지 않는답니다.

686

완전 저질체력이구나?

뒷산에 올라갔다 오더니 헉헉대며 너무 힘들어하는 남편, 체력이 완전 저질이더라고요. '완전 저질체력이구나?'를 영어로도 배워서 더 놀려주고 싶어요.

'You have a low health.(당신은 건강이 안 좋아요.)'

'low'보다는 'poor'이 자연스러워요. 시력이 나쁘다고 할 때도 'I have poor eyesight(난 시력이 나빠.)'라고 하거든요. 이처럼 품질의 좋고 나쁨을 표현할 때는 'poor', 'well', 'good'을 쓰죠.

'You have a poor body.(당신은 몸 안 좋아요.)' '가난한 몸'이란 뜻으로 접근해봤는데, 어때?

가능은 해요. 근데 'body'라는 단어가 나오면 몸매 쪽에 집중하는, 즉 몸의 생김새를 두고 얘기하는 느낌이라 좀 어색하죠. 오늘의 상황에서 중요한 건 몸매가 아닌 체력이잖아요.

▶▶ 그래서, 타일러가 준비한 표현은?

686

You're way out of shape.

* **해석** 당신은 체력이 엄청 나쁘네요.

Check!

* way - 아주 멀리, 큰 차이로, 훨씬
* shape - 모양, 형태

타일러 Tip

'shape'의 기본적인 뜻은 '형태', '모양'이죠. 그런데 'be in shape'은 체력이 좋다는 의미의 표현이에요. 반대로 체력이 나쁘다는 뜻에 해당되는 표현은 'be out of shape'이고요.
- You're in shape. = 넌 체력이 좋구나.
- He is out of shape. = 그는 체력이 안 좋아요.
오늘의 표현에 들어 있는 'way'는 '길'의 뜻이 아니라 강조를 위해 사용된 단어예요. 가령 'Oh, way cool!'은 '오, 엄청 멋있다!'란 의미죠. 그래서 오늘의 표현도 '체력이 엄청 안 좋다'는 뜻인 거고요.

687

말문이 막혔어.

바로 듣기

오랜만에 선배를 만났는데 얼굴을 보는 순간 말문이 막혀버렸어요. 쌍꺼풀 수술과 코 수술을 한 데다 살까지 쫙 뺐더라고요. '말문이 막혔어.'는 영어로 뭘까요?

말문이 막히는 건 어떻게 해야 할지 모르는 거지? 'I don't know what to do.(어떻게 해야 할지 모르겠어.)'

오, 좋은 방향이에요. 근데 '말문이 막힌다'는 개념에 좀 더 초점을 맞추면 좋겠어요.

'Wow! I can't say any words.(와! 나는 어떤 단어도 말할 수 없어.).

그 문장을 조금만 더 발전시키면 될 거 같아요. 할 말이 없다는 건 곧 무엇을 못하는 걸까요?

입을 못 움직이겠지? 'I can't move my mouth.(내 입을 움직일 수 없어요.)'

'말하다'란 뜻의 영어 단어엔 여러 가지가 있죠. 그중 s로 시작하는 게 있어요. 발표할 때 이 단어를 많이 쓰죠.

▶▶ 그래서, 타일러가 준비한 표현은?

687

I was speechless.

*** 해석** 나는 말을 못했어.

Check!

* speechless - (특히 너무 화가 나거나 놀라서) 말을 못 하는, 말문이 막힌

* speech - 연설, 담화, 언어능력

타일러 Tip

오늘의 표현 대신 'I was dumbfounded.'라고 할 수도 있어요. 'dumb'은 흔히 '바보'로 알려져 있지만 원래는 '말을 못 하다'란 뜻이고, 'dumbfound'는 '(너무 놀라서) 말을 못 하게 만들다'란 의미의 단어예요. '뭔가에 놀라 내가 말을 못했다는 점을 나타내기 위해 '-ed'를 붙여 수동태로 쓴 거고요.

688

그 친구랑 연 끊고 지내.

5년 만에 연락을 해 온 친구가 결혼을 한다기에 축의금을 보냈어요. 근데 고맙다는 말도 없이 연락을 뚝 끊어버린 거 있죠? 언니가 '그 친구랑 연 끊고 지내.'라고 한마디 하던데, 영어 표현도 궁금해요.

'You shouldn't be friends anymore.(더 이상 친구로 지내면 안 돼.)'

정말 자연스러운 문장이에요. 근데 오늘의 표현엔 '연을 끊고 지내다'란 뜻이 포함되어 있어야 하니, 'cut'이란 단어가 들어가는 게 좋지 않을까요?

'Hey. You should cut the relationship with your friends.(이봐. 너는 너의 친구들과의 관계를 끊어야 해.)'

'cut'이 들어간 건 좋은데 문장이 기네요. 좀 줄여보세요.

'You cut the networking.(당신은 네트워킹을 끊었어요.)'

그건 아닌 거 같아요. 세 단어만 쓰면 되는데….

▶▶ 그래서, 타일러가 준비한 표현은?

688

Cut her off.

* **해석** 그녀를 잘라내.

Check!

* cut ~ - ~을/를 자르다
* cut off ~ - ~을/를 잘라내다

타일러 Tip

오늘의 표현에서 주의하셔야 할 점은 문장 맨 뒤에 있는 전치사 'off'를 빼먹으면 안 된다는 거예요. 그냥 'Cut her.'라고만 하면 청부살인업자 같은 사람에게 그 여자를 죽이라고 시키는 말이 되거든요. 영화에 흔히 나오는 'I'll cut you.'도 '나는 널 죽일 거야.'란 뜻이고요. 그러니 누군가와 연을 끊으라고 이야기할 때는 반드시 'off'를 붙여주세요.

689

지금 막 하려고 했어.

남편이 자주 하는 변명은 '지금 막 하려고 했어.'예요. 늦는다는 전화를 왜 안 했냐고, 설거지 왜 안 했냐고 물으면 꼭 그렇게 말하더라고요. 이 얄미운 변명, 영어로도 알려주세요.

'be going to'를 써볼게. 'I was going to do this.(나는 이걸 하려고 했어.)'

좋은데요? 근데 'be going to' 대신 쓰는 표현이 있어요.

'I was about to call you.(지금 막 전화하려고 했어.)' 같은 문장에서의 'be about to'를 써서… 'I was about to do this.(나는 지금 막 이걸 하려고 했어.)'

거의 다 왔어요. 근데 상대가 시킨 걸 하려고 했다는 거니 'this'를 쓰진 않겠죠? 그리고 'was'와 'about' 사이에 단어 하나를 더 넣어보세요.

'I was really about to do that.(나는 정말 지금 막 그걸 하려고 했어.)'

아… 완전 가까워졌는데, 아까워요!

▸▸ 그래서, 타일러가 준비한 표현은?

689

I was just about to do that.

* **해석** 지금 막 하려고 했어.

Check!

* just - 바로 그 순간에

타일러 Tip

'be about to + 동사'는 '그 동사의 행위를 거의 할 지경에 이르다'란 의미예요. 어떤 상황에 다다르기 직전, 그 근처까지 거의 다 간다는 뜻이죠.

- I'm about to leave. = 나는 떠날 지경에 이르렀어. = 곧 떠날 거야.

알면서 왜 물어?

저는 캠퍼스 커플이었다가 여친이 바람을 피워 얼마 전 헤어졌어요. 근데, 친구 하나가 제게 헤어진 이유를 묻더라고요. 분명 알고 있음에도 일부러 묻는 것 같아 '알면서 왜 물어?'라고 해버렸는데, 이건 영어로 어떻게 말하나요?

알면서 묻는 거잖아. 'Why you ask me? That you know already.(나한테 왜 물어? 넌 이미 알고 있잖아.)'

의미는 당연히 전달되겠죠. 근데 오늘의 상황에선 그런 질문을 일부러 던지는 친구에게 '물어보지 않는 게 예의니까 묻지 마!' 하는 뜻을 담은 표현이어야 할 것 같아요.

'I don't know why you ask me.(네가 나한테 왜 묻는지 모르겠어.)'

'나는 지금 모욕감을 느꼈어'란 뉘앙스가 필요하단 걸 감안하면 너무 친절한 문장이네요. 상대가 나를 갖고 논다는 의미가 담겨야 하지 않을까요?

▶▶ 그래서, 타일러가 준비한 표현은?

690

Don’t play dumb with me.

*** 해석** 바보인 척하지 마.

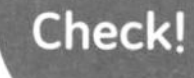

* dumb - 바보 같은, 멍청한

타일러 Tip

앞에서도 이야기했듯 ‘dumb’의 본래 뜻은 ‘말을 못하다’지만 요즘엔 바보, 멍청이, 머리 안 좋은 사람을 지칭하기도 해요. 'play dumb'는 ‘바보인 척하다’, ‘멍청한 척하다’란 뜻인데, 여기에서의 ‘play’는 ‘연극’, ‘연기’를 의미해요. 즉, 그렇게 바보인 듯 연기하면서 내가 눈치채지도 못할 것처럼 굴지 말란 뉘앙스가 오늘의 표현에 담겨 있는 거죠.

복습하기

676 ~ 690

- 싼 게 비지떡이야.
- 흥분 좀 가라앉혀.
- 그동안 뒷바라지해줘서 고마워.
- 늦잠을 자서 늦었습니다.
- 마음에도 없는 말 하지 마.
- 가볍게 웃어넘겨.
- 깨작거리지 마.
- 가성비 끝내준다!
- 일리 있어.
- 귀에 딱지 앉겠어.
- 완전 저질체력이구나?
- 말문이 막혔어.
- 그 친구랑 연 끊고 지내.
- 지금 막 하려고 했어.
- 알면서 왜 물어?

복습하기 676 ~ 690

- You get what you pay for.
- Take a deep breath.
- Thanks for being there for me.
- I overslept.
- If you don't mean it, don't say it.
- Don't take it seriously.
- Don't play with your food.
- It's a great deal.
- True.
- I heard you the first time.
- You're way out of shape.
- I was speechless.
- Cut her off.
- I was just about to do that.
- Don't play dumb with me.

691

제발 (나 좀) 그만 불러.

휴일이면 아이들은 '엄마~', 남편은 '여보~' 부르며 한시도 저를 가만두지 않는데, 그럴 때마다 영어로 '제발 그만 불러!'라고 외치고 싶어요. 이 표현 좀 알려주세요.

부른다는 뜻의 'call'을 넣어볼게. 'Stop calling me!(나 부르지 마!)'

그렇게 해도 되지만 그리 예의 있는 표현은 아니네요.

부르지 말라는 건 혼자 좀 내버려두라는 거겠지? 'Leave me alone.(나 건드리지 마.)'

그건 약간 짜증이 섞여 있는 표현이에요. '난 너랑 말하기 싫어!'란 의미가 강하게 들어 있어서, 길을 가는데 나를 막 따라오며 호객행위하는 사람에게 쓰면 딱 좋은 말이죠.

'I want a rest.(나는 휴식이 필요해.)'

시간이 필요하단 의미에선 맞는데… 조금만 고치면 될 것 같아요.

▶▶ 그래서, 타일러가 준비한 표현은?

691

I need some me time.

* **해석** 나를 위한 휴식시간이 필요해.

Check!

* need ~ - ~이/가 필요하다
* me time - 나를 위한 휴식시간

타일러 Tip

오늘의 표현에 있는 'me time'은 '나를 위해 보내는 시간'을 의미해요. 만약 위 문장에서 'me'를 빼고 'I need some time.'이라고만 하면 말 그대로 시간이 필요하다는 뜻이 되고요. 내가 지금 뭔가를 하는 중이고, 그걸 마치기까진 시간이 좀 필요하니 달라는 의미죠.
하지만 사귀고 있는 사이에서 'I need some time.'이라고 하면 '우리 서로 잠깐 시간을 갖자.'란 뜻이에요. 또 'me time'이 아닌 'my time'은 '내가 가진 시간'을 의미한다는 것도 참고로 알아두세요.

692

그거 내로남불이야.

바로 듣기

제가 지각했을 때는 별별 소리 다 하시던 부장님이셨는데, 막상 본인이 지각을 하시니 '살다 보면 그럴 수도 있지 뭐.' 하며 웃어넘기시더군요. 이거 내로남불이잖아요. 영어로도 표현 가능한가요?

내로남불은 '내가 하면 로맨스, 남이 하면 불륜'을 줄인 거잖아? 'If I do it, romance. If someone else does it, affair.(내가 하면 로맨스. 남이 하면 불륜.)'

저는 이미 '내로남불'의 뜻을 알고 있으니 이해할 수 있지만, 다른 미국인은 '무슨 말이지?' 할 거 같아요.

이기적이라는 뜻을 살려볼까? 'That's selfish.(그건 이기적이에요.)'

의미가 조금 빗겨간 거 같아요. 내로남불은 동일한 기준을 똑같이 적용하는 게 아니라 이중잣대로 상황을 판단한다는 뜻이잖아요? 이거에 잘 맞는, 본인에게만 유리하게 군다는 의미의 영어 단어가 있어요.

▶▶ 그래서, 타일러가 준비한 표현은?

692

That's hypocritical.

* **해석** 그거 위선적이야.

* hypocritical - 위선적인

타일러 Tip

'hypo-'는 어려운 과학용어에 많이 사용되는 접두사예요.
'~보다 아래의'란 뜻으로 정상 이하의 것을 나타낼 때 쓰죠.
오늘의 표현에서 'hypo-' 뒤에 붙은 'critical'은 '비판하는',
'비평하는'이란 뜻이에요. 이 둘을 합친 'hypocritical'이
'위선적인'을 뜻하게 된 이유를 사실 정확히 알 순 없어요.
다만, 제가 추측컨대 'critical'에는 대상을 객관적으로
바라보고 이해·분석하는 능력이란 뉘앙스가 있고,
'hypocritical'은 그런 능력이 낮다는 뜻에서 위선적임을
의미하게 된 게 아닐까 해요.
참고로 'hypo-'의 반대는 'hyper-'예요. '들뜬', '흥분한' 등
뭔가 가득 차 있고 엄청 높이 올라가 있는 상태를 지칭하죠.
'hypoglycemia(저혈당)'과 'hyperglycemia(고혈당)'이란
단어를 비교해보면 이 두 접두사의 차이가 명확해지죠.

693

누군지 잡히기만 해봐라.

바로 듣기

제 남편은 차를 엄청 아끼는데, 누가 자기 차를 긁고선 그냥 가버렸다고 '누군지 잡히기만 해봐라.'라 외치며 부들부들 떨고 있네요. 제 눈엔 긁힌 자국이 잘 보이지도 않던데… 어쨌든 남편의 말, 영어로는 뭘까요?

'If I catch it, I'm gonna kill them.(내가 만약 잡을 수 있다면, 그들을 죽일 거야.)'

오, 좋아요. 앞부분은 생략하고 'I'm gonna kill you.' 라고만 해도 충분하고요. 근데 저는 '잡히는 것'에 초점을 맞춘 표현을 준비해 왔어요.

그럼 'catch'를 쓰면 되는 거겠네?

그건 아니고, '내 손에 넣을 수 있으면'과 비슷한 느낌의 표현이에요.

'touch me'?

그건 만져달라는 뜻인데요?

▶▶ 그래서, 타일러가 준비한 표현은?

693

Wait until I get my hands on you.

* **해석** 내 손이 너를 잡을 때까지 기다려.

Check!

* wait - 기다리다
* until ~ - ~할 때까지
* hand - 손

타일러 Tip

'wait until ~'은 듣는 사람에게 '~을/를 기대해봐.'라고 이야기할 때 써요. 'get my hands on ○○'은 '내가 ○○을/를 잡는다(혹은 가진다)'란 뜻이고요. ○○의 자리에는 사람뿐 아니라 물건도 넣을 수 있어요.

- I can't wait to get my hands on those shoes. = 그 신발을 손에 넣을 때까지 기다릴 수 없어요.

694

입장 바꿔서 생각해봐.

제가 새로 사둔 옷을 홀랑 입고 나갔다 온 언니에게 따졌어요. '입장 바꿔서 생각해봐. 언니 명품가방을 내가 몰래 갖고 나가면 좋겠어?'라고요. '입장 바꿔서 생각해봐.'를 영어로는 어떻게 말하나요?

우선 떠오르는 대로 시도해볼게. 'Can you think that we change?(우리 입장을 바꿔서 생각할 수 있겠어?)'

그건 '우리가 변했다고 생각해줄 수 있나요?' 정도의 뜻인데요?

'바꾼다'는 점 때문에 'change'를 써봤는데 아니었네. 그럼… 'You are me and I am you.'

'너는 나고, 나는 너야?' 무슨 뜻인지 잘 모르겠어요. 청취자 분의 사연과 같은 상황에서 관용적으로 사용되는 표현이 있으니 그걸 가르쳐드릴게요. 힌트를 드리자면, 'shoes'가 들어가요.

▶▶ 그래서, 타일러가 준비한 표현은?

694

Put yourself in my shoes.

* **해석** 내 신발에 네 발을 넣어봐.

Check!

* shoes - 신발

타일러 Tip

오늘의 표현은 '당신이 내 신발을 신고 내가 평소 걷는 길을 걸어보면 (내가 어떤 느낌이나 생각이 들었는지를) 알게 될 거야.'란 의미를 담고 있어요. 한자성어로 말하면 '역지사지'가 되겠죠. 'my'의 자리에 다른 사람을 넣어, 그 사람의 입장에 대해 생각해보라고 이야기할 수도 있어요.

- Put yourself in his(her) shoes. = 네가 그(그녀)의 입장이 되어서 생각해봐.

695

내 기대가 너무 컸나 봐.

맛집이라고 소문이 쫙~ 난 식당에 가서 3시간 이상을 기다린 끝에 드디어 잔뜩 기대하며 음식을 먹었어요. 근데 맛이 영 별로라 대실망을 했지 뭐예요. '내 기대가 너무 컸나 봐.'의 영어 표현이 궁금해요.

'My expectations is too high.(내 기대가 너무 높았어.)'

그 문장을 어색하지 않게 바꿔보면 'My expectations are too high.'가 되겠네요. 'expectation(s)'는 '기대'라는 뜻이죠? 그거랑 같은 의미의 단어를 생각해보세요.

'기준치'란 뜻의 'standard'는 어때? 'I think I had a high standard.(내 생각에 나는 높은 기준치를 가졌어.)'

뜻은 전달되지만 너무 딱딱하네요. 좀 더 간단한 표현이 있는데….

▶▶ 그래서, 타일러가 준비한 표현은?

695

I got my hopes up.

*** 해석** 나는 크게 기대했어.

Check!

* hope - 희망, 기대

타일러 Tip

'get (someone's) hopes up'은 '기대를 올린다'란 뜻이에요. 'hope' 자체가 '기대', '희망'이라는 뜻인데 그게 'up'된다고 하면 당연히 기대하는 바가 올라간다는 뜻이겠죠. 물론 'hope' 대신 철업디가 이야기한 'expectations'를 넣어 'I got my expectations up.'이라고 해도 되고요.
오늘의 표현을 조금 더 강조하고 싶을 때는 맨 뒤에 'too much'를 붙여 'I got my hopes(또는 expectations) up too much.'라고 해주세요.

696

제발 쟁여놓지 마.

남편은 필요 없는 물건들을 모아두는 습관이 있어요. 제발 버리라고 얘기해도 아깝다면서 여기저기 쟁여두는데 정말 속이 터진다니까요. '제발 쟁여놓지 마.'를 영어로도 배워놔야 겠어요.

얼마 전에 외운 단어가 있어. '쌓다', '축적하다'란 뜻의 'accumulate'! 이 단어를 써서 말하면 되지 않을까? 'Do not accumulate you stuff.(당신의 물건을 쌓지 마세요.)'

매우 고급스러운 단어긴 한데, 진짜 미국식 영어의 느낌을 주려면 다르게 접근해야 해요. 한국적인 사고를 뒤집어보세요.

'Hey, Throw away!(이봐, 버려!)'

오, 방향은 좋은데 좀 강압적이네요. 같은 뜻이지만 보다 부드럽게 전달하는 표현을 알려드릴게요.

▶▶ 그래서, 타일러가 준비한 표현은?

696

Learn to let go.

* **해석** 놓아주는 법을 배워.

Check!

* learn ~ - ~을/를 배우다, 학습하다, 알게 되다
* let ~ - ~하게 놓아두다, ~을/를 하도록 허락하다

타일러 Tip

'let go'는 '내놓다', '놓아버리다', '흘려보내다'란 뜻이에요. 그래서 앞에 'learn'을 쓰면 '놓는 것을 배워요.'라는 의미가 되죠. 오늘의 표현은 물건뿐 아니라 생각, 감정 등 여러 대상에 대해 사용할 수 있으니 다양하게 활용해보세요.

- Don't dwell on your mistakes. Learn to let go and move on. = 실수에 연연하지 마. 놓아주고 나아가는 법을 배워.
- Learn to let go of perfectionism. It's okay to make mistakes. = 완벽주의를 버리는 법을 배워. 실수해도 괜찮아.

697

나 어려운 사람 아니야.

외국인 사원이 회사에 들어왔는데 많이 긴장해 있더라고요. 자꾸 저한테 '죄송합니다.'를 연발하는 그 친구에게 '나 어려운 사람 아니야.'라는 말을 해줘야 할 거 같아요. 이 말을 어떻게 자연스럽게 할 수 있을까요?

'I'm not a difficult person.(나 어려운 사람 아니야.)'

직역하면 맞는 말이긴 한데 자연스러운 표현은 아니에요. 'not' 없이 문장을 만들어보면 어떨까요?

어렵지 않다는 건 쉽다는 뜻이니까… 'I am easy person.(나 쉬운 사람이야.)'

나쁘진 않지만, 그냥 'easy'라고만 하면 헤픈 사람이란 느낌이 들어요. 'I am an easy ○○○ person.' ○○○ 부분에 어떤 단어가 들어가면 좋을까요?

▶▶ 그래서, 타일러가 준비한 표현은?

697

I'm easy going.

*** 해석** 나 느긋한 사람이야.

Check!

* easy - 쉬운, 수월한

타일러 Tip

앞서 말했듯 'easy'만 쓰면 편하다는 느낌보다는 '쉽다', '헤프다'란 느낌이 강해요. 즉, 'I'm easy.', 'I'm an easy person.'이라고 말하면 쉽게 포기해주고, 쉽게 져주고, 헤픈 사람이라고 자신을 상대에게 인식시킬 가능성이 있는 거죠. 만만한 사람이라고 해석하게 할 위험도 있고요.
하지만 오늘의 표현에서처럼 'easy' 뒤에 'going'을 붙여 'easy going'이라고 하면, 어떤 상황에서든 그 흐름에 맞춰 편안하게 순응하는 사람을 뜻해요. 다시 말해, 깐깐하지 않고 대하기 쉬운 사람이란 의미인 거죠. 그러니 'easy going'을 한 덩어리로 묶어 기억해두시면 좋을 거예요.

698

향수를 불러일으키네.

오랜만에 술빵을 먹었는데 할머니 얼굴이 떠올랐어요. 밀가루, 막걸리를 넣어서 가마솥에 쪄주곤 하셨거든요. 바로 그때 생각난 말, '향수를 불러일으키다.'의 영어 표현이 궁금해요.

이건 당연히 정답이 아니겠지만 그래도 말해볼게. 'The perfume is calling wake up.(그 향수가 잠을 깨운다.)'

일단 'wake up'이라고 하니 잠에서 깼다는 느낌이 드네요. 또 오늘 상황에서의 '향수'를 'perfume'이라 하진 않겠죠? 다시 도전!

'It reminded me of the past.(옛날 생각이 났어.)'

나쁘진 않네요. 근데 '향수'란 건 예전 기억을 그리워하는 마음이잖아요. 그걸 표현한 영단어가 있어요.

▶▶ 그래서, 타일러가 준비한 표현은?

698

This is making me so nostalgic.

*** 해석** 이게 향수를 불러일으키네.

Check!

* nostalgic - 향수를 일으키는, 향수 어린

타일러 Tip

타지에서 생활하다가 고향이 그리울 때는 향수에 잠기거나 향수병에 걸리곤 하죠? 그런 상태를 'homesick'이라고 해요. 오늘의 표현에 사용된 'nostalgic'도 향수를 일으키키는 상태를 지칭한다는 점에선 'homesick'과 비슷해요. 차이가 있다면 'homesick'은 장소에 대한 그리움, 'nostalgic'은 시간에 대한 그리움을 나타낸다는 거고요. 예를 들어 어렸을 때 들었던 노래를 다시 듣고서 옛날이 그리워진 경우에는 'nostalgic', 떠나 온 고향이나 가족, 집에 대한 그리움이 느껴진 경우에는 'homesick'을 쓰면 되겠죠.

699

그 사람 정말 진국이야.

바로 듣기

친구한테 소개팅을 시켜줬는데 두 번 만나보더니 별로라고 툴툴대더라고요. 그래서 그 남잔 진짜 진국이니 좀 더 만나보라고 얘기했죠. '그 사람 정말 진국이야.'는 영어로 뭐라고 해야 할까요?

'He's a nice guy.(그 사람 좋은 사람이야.)'

괜찮은 표현이긴 하지만, 오늘의 상황에 비춰보면 좀 가벼운 느낌이 드네요. 그 사람의 모든 것이 괜찮다는 의미를 담으려면 뭐라고 해야 할까요?

'진국'이란 건 진짜 제대로 된 사람이란 뜻이잖아? 'He's really really real person.(그는 정말 정말 진짜인 사람이야)'

와, 매우 근접했어요. 'real'을 쓴 점도 좋고요. 이제 'person'만 다른 단어로 바꾸면 완벽해지겠네요. '사람' 대신 '진품'이란 느낌으로 가볼까요?

▶▶ 그래서, 타일러가 준비한 표현은?

699

He’s the real thing.

* **해석** 그는 찐이야.

Check!

* real - 진짜의, 현실적인, 실제의
* thing - 것

타일러 Tip

‘the real thing’은 한 단어처럼 묶어서 생각하는 게 좋아요. ‘진정한 것’이란 뜻인데, 요즘 한국어에서 흔히 사용되는 ‘찐이다!’와 같은 느낌이라고 생각하시면 돼요.

- He’s always there for me, no matter what. He’s the real thing. = 그는 무슨 일이 있어도 항상 내 편이야. 그는 진짜 친구야.

700 내 흉내 내지 마.

별로 재밌지도 않고 웃기지도 않은데 자꾸 제 말투를 놀리듯 따라 하는 친구가 있어요. 또 한 번 그러면 고급지게 영어로 '내 흉내 내지 마.'라고 말해주고 싶어요.

그럼 고급진 단어 한번 써볼까? '모방하다', '본뜨다'란 뜻의 'imitate'를 써서 'Don't imitate me.(나를 모방하지 마.)'

그 단어는 오늘의 상황과 잘 어울리지 않아요. 친구가 자꾸 나를 놀리듯이 따라 한다는 점에 초점을 맞춰 생각해볼까요?

'Don't follow me!(나 따라오지 마!)'

'follow'는 실제로 대상을 따라가는 행동을 지칭하는 단어라서 '따라 하다'와는 거리가 있어요. m으로 시작하는 다른 단어를 생각해보세요.

▶▶ 그래서, 타일러가 준비한 표현은?

700

Stop mocking me.

*** 해석** 나 놀리지 마.

* mock ~ - (흉내를 내며) ~을/를 놀리다

타일러 Tip

의미 면에서 헛갈릴 수 있는 세 단어, 'mocking'과 'copying', 그리고 'teasing'을 비교해서 설명해드릴게요. 'mocking'은 목소리를 변조하고 놀리듯이 성대모사를 하며 따라 하는 것을, 'copying'은 아이들이 종종 그러듯 대상이 하는 말을 그대로 따라 하는 걸 뜻해요. 마지막으로 'teasing'은 목소리 변조나 말을 따라 하는 등의 행동이 없이 그냥 짓궂게 놀리는 걸 의미하고요. 그럼 이제 상대가 나를 어떤 방식으로 놀리는가에 따라 'Stop mocking me.'와 'Stop copying me.', 'Stop teasing me.' 중 하나를 골라 쓰실 수 있겠죠?

701

어색한 사이라서 그래.

바로 듣기

분명 서로 친구이긴 한데 둘만 남겨지면 식은땀이 나고 무슨 말을 해야 될지 고민되는 사람, 누구에게나 한두 명씩은 있겠죠? 이런 사이를 두고 '어색한 사이라서 그래.'라고들 하는데, 영어로는 어떻게 표현하나요?

맞아. 어색한 사이의 사람이 꼭 한두 명씩은 있지. 'We are not a close friend.(우리는 친한 친구가 아니야.)'

좋은 표현이에요. 근데 'friend'를 쓸 거라면 '나와 그 사람'을 포함해 최소 두 명이 있어야 하니 복수형인 'friends'를 써서 'We are not close friends.'라고 해야겠죠. 사실은 이렇게 길게 말하지 않아도 되고요.

그럼··· 'We are awkward.(우리는 어색해.)'

오늘 같은 상황에선 'It's awkward.'라 하는 게 맞는데, 'awkward'는 상황에 대해 쓰는 표현이라 사람한테 쓰면 좀 어색해요. 아까 처음에 철업디가 썼던 'close'가 참 좋았는데!

▶▶ 그래서, 타일러가 준비한 표현은?

701

We're not that close.

* **해석** 우리는 그리 친하지 않아요.

Check!

* close - (시간·공간적으로) 가까운

타일러 Tip

오늘의 표현에 들어 있는 'that'은 '그(것)/저(것)'이란 뜻이 아니라 '그리', '그렇게'란 뜻의 부사예요. 만약 'that' 없이 그냥 'We're not close.'라고만 하면 그 사람과 절대 안 친하다는 의미가 되어버려요. 어색한 사이라는 말보다 부정적 뜻이 강해지는 거죠.
참고로 'close'의 발음에도 유의해주세요. '닫다'라는 동사로 쓸 때는 [클로즈], 오늘의 표현처럼 '가깝다'란 형용사로 쓸 땐 [클로쓰]로 발음한답니다.

702

머리를 잘 써야지.

딸아이가 방울토마토를 포크로 못 찍어 먹고 있기에 '머리를 잘 써야지.' 하면서 손으로 날름 집어 먹었어요. 저 머리 쓴 거 맞죠? 하하! 근데 '머리를 잘 써야지.'는 영어로 뭐라고 하나요?

'Why don't you use your brain?(너는 왜 네 뇌를 안 써?)'

뜻은 통하는데 어감이 너무 공격적이네요. '넌 뇌가 있는데도 지금까지 안 썼어? 멍청해!' 이런 느낌이 들거든요. 'brain' 대신 쓸 수 있는 단어론 뭐가 있는지 생각해보세요.

'Why don't you use your soul?(너는 왜 네 영혼을 안 써?)'라고 하면 어때?

영혼이라고요? 너무 멀리 갔는데요? 'use your'은 매우 좋은데…. 오늘의 상황에 딱 맞는 영어 단어가 있어요.

▶▶ 그래서, 타일러가 준비한 표현은?

702

Use your imagination.

* **해석** 너의 창의력을 써.

Check!

* use ~ - ~을/를 사용하다
* imagination - 상상력, 상상, 창의력

타일러 Tip

누군가에게 창의력을 발휘하라고 말할 때 미국에선 'imagination'을 정말 많이 써요.비슷한 단어로는 'creativity'가 있겠네요.
근데 이 두 단어는 뉘앙스 면에서 조금 달라요. 한국어의 '창의력'과 '상상력'이 완벽하게 똑같은 건 아닌 것처럼 말이에요. 'creativity'는 뭔가 실물이 있는 걸 만드는 과정과 관련되고, 'imagination'는 글자 그대로 '창의력'이란 뜻이랍니다.

703

고생하세요~

바로 듣기

업무상 통화를 하고 대화를 마무리할 때의 인사로 '고생하세요~'를 많이들 쓰잖아요. 근데 이게 영어로는 뭘까요? 저희 팀원 중 한 명은 장난삼아 'A lot of 고생!'일 거라는데 당연히 아니겠죠?

같이 일하는 사람들이 하는 말이잖아? 'Keep up the good work~(계속 잘해주세요~)'

상황만 맞는다면 그 표현도 물론 좋아요. 근데 오늘의 표현은 전화 통화를 마무리하는 상황에서 쓸 수 있는 것이어야 한다는 점을 염두에 둬야 할 것 같네요.

'You will the good job.(좋은 일 해요.)'

저런! 너무 어색한데요?

▶▶ 그래서, 타일러가 준비한 표현은?

703

Talk to you later.

* **해석** 다음에 봐요.

* later - 나중에, 뒤에

타일러 Tip

오늘의 표현은 상대를 직접 보고 있지 않은 상황, 특히 통화를 하다가 끊을 때 주로 써요. 오늘의 표현엔 'talk'이 들어가 있지만, 그렇다고 해서 '다음에 만나서 얘기하자.'란 뜻은 아니에요. 누군가와 만났다가 헤어질 때 흔히 하는 인사, 'See you later.'와 같은 뜻이라고 생각하시면 돼요. 채팅에선 오늘의 표현을 'TTYL'로 줄여서 쓰곤 한다는 점도 팁으로 알려드릴게요.^^

잠이 쏟아지네.

바로 듣기

요즘엔 점심 먹고 일하다 오후 서너 시쯤 되면 꼭 잠이 쏟아져요. 외국인 동료에게 하품을 하면서 잠이 쏟아진다고 말했는데 못 알아듣더라고요. 영어로 배워서 말해주고 싶어요.

'sleepy'를 써서 시도해봐도 돼?

'sleepy'는 그냥 졸리거나 피곤할 때 쓰는 단어라서 '쏟아진다'의 느낌과는 거리가 좀 있어요.

그럼 잠이 온다는 느낌을 표현해볼게. 'feel like'를 써서, 'I feel like a sleeping.(나는 잠이 오는 느낌이 있다.)'

표현을 좀 바꿔야 할 거 같아요. 잠에 빠지는 것에 초점을 맞춰볼까요?

'My two eyes are closing.(내 두 눈이 감겼어.)'

그렇게 표현하진 않을 것 같아요.

▶▶ 그래서, 타일러가 준비한 표현은?

704

I'm gonna fall asleep.

*** 해석** 나는 잠들 거 같아.

Check!

* fall - 떨어지다, 빠지다, 내리다

타일러 Tip

'fall asleep'은 '잠들다'란 뜻이에요. 그 앞에 'gonna'를 붙여 오늘의 표현처럼 이야기하면 '곧 잠들어버릴 것 같다.'란 느낌을 전달하죠. 참고로, 너무너무 피곤해서 몸을 제어할 수 정도로 잠이 올 땐 'I'm gonna pass out.(나는 완전 곯아떨어질 것 같아.)'라고 하기도 한답니다.

705 너나 에어컨 작작 틀어.

바로 듣기

매번 에어컨 좀 그만 틀라고 잔소리하던 남편! 근데 외출하고 돌아왔더니 집 안 온도가 17도인 거 있죠? 그 순간 남편에게 외쳤던 이 말이 영어로 뭔지 궁금해요. '너나 에어컨 작작 틀어!'

'Enough is enough.'를 쓰는 건 어때? '더 이상은 안 돼.'란 의미니까.

그런 방향으로 오늘의 표현을 준비하진 않았어요. 남편이 본인도 에어컨을 막 틀어대면서 아내한테 뭐라고 했다는 게 오늘의 상황이죠? 그 느낌을 살려보세요.

'Hey, Do you think you're good?(야, 넌 잘하는 거 같아?)'

맞아요. 그 방향이에요. '너도 그렇게 안 하면서 누구한테 뭐라고 하는 거야!'의 느낌!

▶▶ 그래서, 타일러가 준비한 표현은?

705

Look who's talking.

* **해석** 남 말 하고 있네.

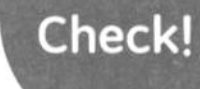

* look ~ - ~을/를 보다, 바라보다

타일러 Tip

이 표현을 말할 때의 어조는 마치 반어법 쓸 때처럼 약간 비꼬는 느낌의 것이어야 해요. '네가 나한테 그런 말을 할 자격이 있어?'란 뉘앙스로 말하면 완벽해요!

- You're telling me to be honest? Look who's talking.
  = 나에게 정직해야 한다고 말하는 거야? 누구한테 뭐라고 하는 거야?
- Look who's talking about being busy! I'm the one who's always working overtime. = 누구한테 바쁘다고 불평하는 거야! 난 항상 초과근무하는 사람이라고.

복습하기

691 ~ 705

- 제발 (나 좀) 그만 불러.
- 그거 내로남불이야.
- 누군지 잡히기만 해봐라.
- 입장 바꿔서 생각해봐.
- 내 기대가 너무 컸나 봐.
- 제발 쟁여놓지 마.
- 나 어려운 사람 아니야.
- 향수를 불러일으키네.
- 그 사람 정말 진국이야.
- 내 흉내 내지 마.
- 어색한 사이라서 그래.
- 머리를 잘 써야지.
- 고생하세요~
- 잠이 쏟아지네.
- 너나 에어컨 작작 틀어.

복습하기 691 ~ 705

- I need some me time.
- That's hypocritical.
- Wait until I get my hands on you.
- Put yourself in my shoes.
- I got my hopes up.
- Learn to let go.
- I'm easy going.
- This is making me so nostalgic.
- He's the real thing.
- Stop mocking me.
- We're not that close.
- Use your imagination.
- Talk to you later.
- I'm gonna fall asleep.
- Look who's talking.

이 썩는다!

요즘 초등학교 1학년짜리 아들을 양치시킬 때마다 너무 피곤해요. 양치하기 싫다며 요 녀석이 어찌나 난리를 치는지, 이 썩는다고 아무리 말해도 떼만 쓰네요. '이 썩는다!' 영어로는 어떻게 하면 될까요?

치아 상태가 안 좋아진다는 말을 해야 하니까, 'Your teeth are getting worse.(너의 이가 점점 더 나빠지고 있어.)'

그건 이미 나빠져 있는 상태에서 더 악화하고 있다는 뜻이에요. 다른 표현을 찾아보세요.

'It's gonna hurt your teeth will hurt.(너의 이가 아파질 거야.)'

원인이나 이유를 이야기하지 않으니 왜 그렇게 되는 건지도 알 수가 없어 모호해요. '썩는다'란 뜻의 영어 단어가 있는데, 뭘까요?

▶▶ 그래서, 타일러가 준비한 표현은?

706

Your teeth will rot.

* **해석** 너의 이가 썩을 거야.

Check!

* teeth(tooth의 복수형) - 치아들
* rot - 썩다, 부패하다

타일러 Tip

오늘의 표현은 아직까진 치아가 건강한 상태일 때 쓸 수 있어요. 지금은 괜찮지만 계속 양치질을 안 하면 앞으로 이가 썩을 거란 의미이기 때문에 'will'을 넣은 거죠. 이미 이가 썩어 있는 상태란 걸 말하고 싶을 땐 'Your teeth are rotten.'이라고 하면 된답니다.

707

언제까지 우려먹을래?

바로 듣기

언젠가 아들 학교에 보내야 할 서류를 까먹은 적이 있어요. 근데 그때부터 이 녀석이 저에게 툭하면 '그거 했어요?' 하며 몇 번씩 확인하려 드네요. 제가 잊어버린 건 딱 한 번이었는데! '언제까지 우려먹을래?'는 영어로 뭔지 궁금해요.

끝내지 않고 계속 말하는 거잖아? 'You talk to me about this, when I going to finish.(언제 끝낼 건지 말해봐.)'

우려먹는다는 건 뭔가를 계속 붙들고 있는 거잖아요? 그 방향으로 생각해보세요.

'Stop it. How long are you going to tell me?(그만 좀 해. 언제까지 말할래?)'

오늘 같은 상황에선 그렇게 말하지 않을 거 같은데요?

▸▸ 그래서, 타일러가 준비한 표현은?

707

You're never going to let that go, are you?

* **해석** 넌 절대 그냥 놔두지 않을 거야, 그치?

Check!

* never - 절대
* let (that) go - 내려놓다, 그만 붙잡고 있다
* are you? - (확인을 위해 묻는 표현) 그렇죠? 그치?

타일러 Tip

앞에서 '제발 쟁여놓지 마.'가 'Learn to let go.'라고 배웠던 거 기억하시죠? 'let go'에는 '내려놓다', '흘려보내다'란 의미가 있어요. 그 앞에 'never'를 붙이면 '흘려보내지 않고 계속해서 붙잡다.'란 뜻이 되죠. 오늘의 표현 대신 'Just let it go. Come on!(그냥 내버려 둬. 좀!)'이라고 짧게 말하는 방법도 있답니다.

708

주제 파악 좀 하세요.

남편 회사에 계신 50대 부장님이 30대인 제 친구들을 소개해달라고 조르신대요. 띠 동갑도 넘게 나이 차이가 나는데 말이에요. '주제 파악 좀 하세요~'라고 외쳐드리고 싶은데, 영어로는 뭘까요?

얼마 전에 배운 표현을 한번 써먹어볼까? 'Look who's talking!' 사돈 남 말하고 있다는 느낌으로!

그건 상대가 적반하장 식으로 나올 때 쓰는 표현이에요. 상대는 지금 남을 손가락질하고 있지만 정작 상황을 보면 본인이 손가락질을 받아야 하는 경우에 말이에요. 근데 오늘의 상황은 본인의 나이가 몇인지 생각도 못하고 조르는 거니 그 점에 집중해보세요.

'Grow Up!(철 좀 들어!)'

그 표현도 좋지만, 저는 오늘 다른 걸 준비해 왔어요.

▶▶ **그래서, 타일러가 준비한 표현은?**

708

You need a reality check.

* **해석** 당신에겐 현실 자각이 필요해요.

Check!

* reality - 현실
* check - 확인, 확인하다

타일러 Tip

'a reality check'는 현재 상황이나 현실 등을 확인한다는 의미예요. '당신에겐 현실 자각(a reality check)이 필요하다.'라는 말은 따끔한 충고가 되겠죠. 대화를 나누는 상대가 아닌 제삼자를 두고 말할 때에는 'You'의 자리에 'He'나 'She' 등 그 사람을 지칭하는 단어를 넣으면 돼요.

709

천천히 식혀서 먹어.

설렁탕을 시켰는데 외국인 동료가 마음이 급했는지 식히지도 않고 입에 넣더군요. 너무 뜨거워서 엄청나게 고통스러워하던데, 이럴 때 필요한 말 '천천히 식혀서 먹어.'를 영어로 알려주세요.

'You have to eat slowly.(천천히 먹어요.)'

천천히 먹는 것도 중요하긴 하지만 '식혀서' 먹으라는 말을 하고 싶은 거잖아요?

'This food is going to cool down.(이 음식은 식혀야 해.)'라고 해볼까? 으음….

굉장히 근접했어요. 근데 'cool down'은 열이 내려가는 걸 뜻하긴 하지만, 주로 화난 마음이나 상태를 진정시키라고 할 때 많이 써요. 여름에 야외활동을 많이 해서 체온이 올라갔을 때, 시원한 곳에서 몸을 식힌다는 의미로도 'cool down'을 쓰죠.

▶▶ 그래서, 타일러가 준비한 표현은?

709

Wait for it to cool off a bit.

* **해석** 조금 식을 때까지 기다려주세요.

Check!

* cool - 시원한, 서늘한
* a bit - 조금, 다소, 약간

타일러 Tip

'cool off'는 찌개나 국 같은 뜨거운 액체가 증발하면서 열이 나거나 위쪽으로 빠져나가는 걸 뜻해요.
오늘의 표현에서 'a bit'을 빼고 말해도 의미가 통하긴 해요. 하지만 음식이 완전히 식어버리면 맛이 없겠죠? 그래서 '약간만' 식히라는 의미로 이 표현을 덧붙였답니다.

귀청 떨어지겠다.

바로 듣기

공공장소인데 남들도 다 들으라는 건지 아주 큰 목소리로 이야기하는 커플을 봤어요. 조용히 대화하는 매너는 어디에 갖다 버린 걸까요? '귀청 떨어지겠다.' 영어로 알려주세요.

'고막'이 영어로 'eardrum'이지? 'My eardrum will die.(내 고막이 죽겠어요.)'

물론 그렇게 말하면 다들 이해하긴 할 거에요. 근데 귀청이 떨어진다는 건 귓구멍 안쪽에 있는 막이 떨어진다는 뜻이잖아요? 그걸 좀 자세히 설명해주는 게 좋겠어요.

'My ears will die.(내 귀가 죽겠어요.)'

오늘 같은 상황에선 'die'가 아닌 다른 동사를 쓸 거 같아요. 철업디가 말한 그 '죽는' 모습을 더 구체적으로 묘사해보면 어떨까요?

▸▸ 그래서, 타일러가 준비한 표현은?

710

I thought I was going to burst an eardrum.

* 해석 나는 고막이 터질 것 같았어요.

Check!

* burst - 터지다, 파열하다
* eardrum - 고막

타일러 Tip

'burst an eardrum'은 고막이 터져서 청각 능력을 상실한 걸 의미해요. 오늘의 표현에 들어 있는 'I thought I was going to ~'는 '나는 ~게 되는 줄 알았어요.'란 뜻인데, 미국인들이 자주 쓰는 말이니 기억해두세요.

- I was so angry at him, I thought I was going to explode. = 그에게 너무 화가 나서, 나는 폭발할 거 같았어.

711

나 많이 초조해.

회사 동기들은 모두 결혼을 했는데 저 혼자만 솔로로 남아 있네요. 지금 제 심정을 표현하자면 '나 많이 초조해.'인데, 영어로는 어떻게 말하나요?

초조하다는 건 긴장한 느낌이지? 'I'm so nervous.(나 너무 불안해.)'

오늘의 상황에선 무엇 때문에 긴장하게 된 걸까요? 남들은 다 나를 앞질러 결혼했는데 나는 못하고 있으니까, '시간' 면에서 그렇다는 뜻이겠죠?

'I don't have enough time.(나는 시간이 충분하지 않아.)'

'time'을 쓴 거, 아주 좋아요!

▶▶ 그래서, 타일러가 준비한 표현은?

711

I'm running out of time.

*** 해석** 나는 시간이 다 됐어.

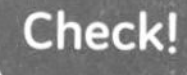

Check!

* run out of time - 시간이 다 되다

타일러 Tip

오늘의 표현은 뭔가를 할 시간이 점점 줄어들고 있을 때 사용해요. 'out of time'은 무언가를 해야 하는 순간이 점점 임박한 상태를 나타내거든요.
'running'은 어떠어떠한 상태로 가까이 다가가고 있다, 그런 상태가 되어가고 있다는 의미예요. 예를 들어, 약속 장소로 가는 중이긴 하지만 제 시간에 도착하지 못할 가능성이 점점 높아지고 있을 경우에 'Sorry, I'm running late.(미안해. 나 늦을 거 같아.)'라고 할 수 있죠.

712

넌 패션 테러리스트야.

바로 듣기

제 남자친구는 옷을 진짜 못 입어요. 얼마 전엔 빨간 바지, 노란 티셔츠, 파란 신발 차림으로 나왔더라고요. 신호등인 줄 알았다니까요? 남자친구에게 '넌 패션 테러리스트야.'라고 영어로 말해주고 싶어요.

테러리스트라면 최악이라는 뜻이잖아? 'You are the worst fashion guy.(넌 최악의 패션남이야.)'

좋은 시도예요. 근데 그 표현은 일단 패션 쪽에 종사하는 사람이어야 쓸 수 있을 거 같아요.

'구식'이란 뜻의 'out of date'를 쓰면 어떨까? 'You are out of date.(넌 구식이야.)'

그렇게 말하려면 그 사람의 패션 자체가 옛날 느낌의 것이어야 할 텐데… 좀 애매하지 않을까요?

▶▶ 그래서, 타일러가 준비한 표현은?

712

You have no fashion sense.

* **해석** 너는 패션 감각이 없어.

Check!

* fashion - (옷, 헤어스타일) 등의 유행
* sense - 감각

타일러 Tip

오늘의 표현을 사실 문법에 맞게 쓰려면 'have no' 부분을 'don't have'로 바꿔야 해요. 'You don't have any fashion sense.'로 써야 하는 거죠. 하지만 요즘엔 오늘의 표현처럼만 말해도 충분해요. 한국에서도 여러 줄임말이 쓰이듯, 요즘의 영미권 사람들 역시 짧게 줄인 문장을 좋아하거든요.

713

나는 커서 소방차가 될 거야.

요즘 저는 초등학생 아들과 간단한 대화를 영어로 해보곤 해요. 근데 얼마 전 아들이 기습 질문을 던지더라고요. '나는 커서 소방차가 될 거야!'는 영어로 어떻게 말하냐고요. 아들아~ 그렇게 긴 문장은 아빠도 어려워!

'I will be a 911car in the future.(나는 미래에 911 자동차가 될 거야.)'

'911car'라는 건 없어요. 911을 부르면 아마 경찰차, 응급차, 소방차가 한꺼번에 출동할걸요?

그럼… 'I will be a fire truck when I grow up.(나는 자라서 소방차가 될 거야.)'

좋긴 한데 한 가지 생각해볼 게 있어요. 'I will be ~'는 '(앞으로) ~이/가 되겠다'란 뜻이니 한국어만으로 생각해보면 맞는 표현이죠. 하지만 자연스러운 영어로 표현하려면, 뭔가가 되겠다고 하기보단 자신이 어떠어떠한 걸 원한다고 말해야 해요.

▶▶ 그래서, 타일러가 준비한 표현은?

713

When I grow up I want to be a fire truck.

* **해석** 나는 커서 소방차가 되기를 원해요.

Check!

* grow up - 크다, 성장하다
* fire truck - 소방차

타일러 Tip

커서 무엇이 되고 싶다는 오늘의 표현은 앞부분과 뒷부분의 순서를 바꿔 'I want to be a fire truck when I grow up.'이라고 해도 좋아요. 문장 구조가 이렇게 바뀌어도 의미하는 바는 똑같거든요.

양이 안 차.

얼마 전 친구들이랑 제육덮밥, 알밥, 육전, 순대볶음 등 줄줄이 시켜 먹었어요. 친구들은 배불러 죽겠다던데 저는 양이 안 차서 속이 허하더라고요. '양이 안 차.'를 영어로 알려주세요.

'hungry'를 써볼게. 'I already ate but I'm still hungry.(이미 먹었지만 아직도 배가 고파.)'

'I'm still hungry.'를 써도 되긴 하는데, 양이 안 찬다는 건 아직 더 채울 공간이 있다는 의미겠죠. 그런 방향에서 접근해보는 건 어떨까요?

그럼 충분하지 않다는 뜻에서 'My stomach is not enough.(내 배는 안 충분해.)'라고 해볼까?

표현이 어색한데요? 그건 '제 배가 모자라요.'란 뜻이에요.

▶▶ 그래서, 타일러가 준비한 표현은?

714

I still have room for more.

*** 해석** 나에겐 아직 더 공간이 있어요.

Check!

* room - 방, 공간

타일러 Tip

'room'은 대개 '방'을 뜻하지만, 오늘의 표현에서처럼 '공간'을 의미할 때도 있어요. 위 문장을 직역하자면 '나에겐 아직 더 공간이 있다.'라는 뜻인데, 상황상 이때의 '공간'은 '위장'을, 'more'는 'more food(더 많은 음식)'를 뜻한다고 보면 돼요. 그래서 '양이 안 찬다.'란 의미를 갖는 거죠. 명절이 되어 본가로 놀러 가면 엄마가 음식을 계속 내오시면서 이렇게 물으실 수 있겠죠? 'Do you still have room for more?(아직 공간이 남아 있니? = 아직 더 먹을 수 있지?)'

715

이것도 좋지만, 이게 더 좋아요.

바로 듣기

저희 가게엔 외국인 손님들이 많이 오는데, 손님이 사려는 물건도 좋지만 제가 권하는 물건이 더 좋다는 이야기를 해주고 싶을 때가 종종 있어요. '이것도 좋지만 이게 더 좋아요.'를 영어로 알려주실 수 있나요?

이것도 좋지만 이게 더 좋다…. 그럼 'This is good but this is better.'이 아닐까?

음… 손님이 사려고 하는 물건도 좋긴 한데, 그것보다는 이게 더 좋다고 말해야 하는 상황이죠? 한국어로는 둘 다 '이것'이라 해도 되지만 영어로는 그렇지 않아요.

'This is good but that's better.(이것은 좋지만 저것은 더 좋아요.)'

'This'와 'that'의 위치를 서로 바꾸는 게 좋을 것 같은데요? '손님이 들고 있는 그것보다 제가 권하는 이게 더 좋아요.'라고 하는 편이 자연스러울 테니까요.

▶▶ 그래서, 타일러가 준비한 표현은?

715

That's good too but this one is better.

* 해석 그것도 역시 좋은데 이게 더 좋아요.

Check!

* good - 좋은
* better(good의 비교급) - 더 좋은

타일러 Tip

이 표현에서의 포인트는 손님이 들고 있는 물건을 '그것', 내가 들고 있는 물건은 '이것'으로 지칭한다는 데 있어요. 위 문장을 두 부분으로 나눠서 생각해보면 이 점을 확실히 알 수 있죠. 'That's good too'는 '(손님이 들고 있는) 그것 역시 좋아요.'란 뜻이고, 'but this one is better.'는 '하지만 (내가 들고 있는) 이 물건이 더 좋아요.'란 의미니까요.

밑져야 본전이야.

바로 듣기

친구가 딱 2시간 동안 얼굴 본 남자를 두고 맘에 든다며 고백하겠다고 호들갑을 떠네요. 신중하게 생각하라고 했더니 대수롭지 않게 '밑져야 본전이지!' 하던데, 이 말은 영어로 뭔가요?

'No pain, no gain.(고통이 없으면 얻는 것도 없다.)'

그 표현은 힘든 과정을 거치지 않고선 그 어떤 것도 이룰 수 없다는 뜻이에요. 하지만 '밑져야 본전'은 본격적인 승부가 아니니 져도 상관없다는 뜻이잖아요. 의미 면에서 좀 다르죠.

그럼… 'You can lose the game.(너는 게임에서 질 수도 있어.)'

그런 방향으로 가면 의미가 완전히 달라질 거 같은데요? 다른 접근이 필요해요.

▶▶ 그래서, 타일러가 준비한 표현은?

716

It's worth a shot.

* **해석** 그건 쏴볼 만한 가치가 있어.

Check!

* worth ~ - ~의 가치가 있는
* shot - 발사, 발포, 총성, 포성

타일러 Tip

오늘의 표현을 의역하자면 '도전해볼 만한 가치가 있어.'라 할 수 있어요. 'shot'은 골대에 농구공을 던지거나 과녁에 총을 쏘는 것처럼 무언가를 쏜다는 뜻이에요. 카지노에서 크게 배팅할 때에도 이 단어를 쓰죠. '한번 시도해봐.'라는 뜻의 'Give it a shot.'도 함께 알아두시면 좋겠네요.

717

인맥이 넓으시네요.

바로 듣기

장모님이랑 동네를 한 바퀴 도는데 정말 아는 사람이 많으시더라고요. 그래서 장모님께 '인맥이 넓으시네요!'라 했는데, 영어로는 어떻게 하면 될까요?

인맥을 영어론 'networking'이라고 하지 않나? 'You have great networking.(당신은 엄청난 인맥을 갖고 있네요.)'

'networking'은 어떤 목적을 위해 만들어가는 관계를 뜻해요. 근데 장모님이 본인 커리어를 위해 동네 사람들을 만나셨던 건 아니지 않을까요?

인맥이 넓다는 건 모르는 사람이 없다는 뜻이기도 하니까… 'There's no one you don't know.(모르는 사람이 없다.)'

오, 그것도 좋아요. 모르는 사람이 없다는 걸 반대로 표현하면 뭐가 될까요?

▶▶ 그래서, 타일러가 준비한 표현은?

717

You know everyone, don't you?

* 해석 당신은 모든 사람을 알고 있네요, 그쵸?

Check!

* everyone - 모든 사람

타일러 Tip

'know everyone'은 한국어의 '마당발', '발이 넓다'와 같은 뜻의 영어 표현이에요. 문장 뒤에 붙은 'don't you?'는 자신이 앞서 말한 바를 확인하고 동의를 구할 때 쓰는 표현이고요. 이미 말한 바의 주어가 무엇이냐에 따라 그 뒤에 붙는 이 표현도 'don't you?', 'doesn't she?', 'don't I?' 등으로 각각 달라질 수 있음에 유의하세요.

- She knows everyone, doesn't she? = 그녀는 발이 넓어, 그치?
- I look really tired today, don't I? = 나 오늘 정말 피곤해 보여, 그치?

718

혹 떼려다 혹 붙였네.

바로 듣기

금연을 선언했던 남편이 요즘 간식을 엄청 먹어대더니 결국 금연에 실패했어요. 어디 그뿐인가요? 담배라는 혹을 떼려다 뱃살이라는 혹까지 붙이고 말았죠. '혹 떼려다 혹 붙였네.'란 말, 영어로도 가능할까요?

'혹'이라는 단어를 사전에서 찾아봤더니 'lump'라고 나와 있더라고?

아니요. 그 단어는 필요 없어요.

'I want change my old habit I got a new habit. (예전 습관을 바꾸고 새 습관을 얻었어.)'

오늘 표현에서의 핵심이 습관인 것 같진 않아요. 금연을 해서 건강해지고 싶었는데 실패했고, 체중까지 늘면서 상황이 더 악화됐잖아요? 그 점을 생각해보세요.

악화되었다면… 'getting worse(악화하다)'?

맞아요. 그 방향이에요.

▶▶ 그래서, 타일러가 준비한 표현은?

718

You’re worse off than when you started.

* **해석** 시작했을 때보다 더 안 좋아졌네요.

Check!

* be worse off - 이전 상황보다 안 좋아지다

타일러 Tip

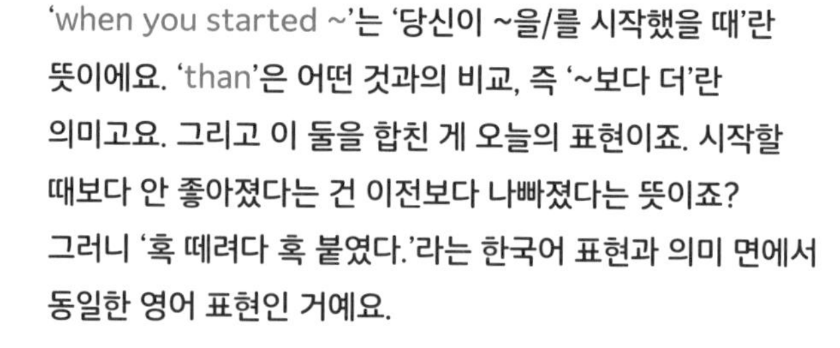

‘when you started ~’는 ‘당신이 ~을/를 시작했을 때’란 뜻이에요. ‘than’은 어떤 것과의 비교, 즉 ‘~보다 더’란 의미고요. 그리고 이 둘을 합친 게 오늘의 표현이죠. 시작할 때보다 안 좋아졌다는 건 이전보다 나빠졌다는 뜻이죠? 그러니 ‘혹 떼려다 혹 붙였다.’라는 한국어 표현과 의미 면에서 동일한 영어 표현인 거예요.

선불입니다.

바로 듣기

시장에서 선불로 돈을 내고 녹두전을 먹고 있는데 외국인 커플이 들어왔어요. 가게 사장님이 '선불입니다.'란 말을 영어로 못 해서 난감해하시던데, 제가 배워서 알려드리고 싶어요.

'사전에', '미리'라는 뜻의 'in advance'를 쓰면 어떨까? 'Pay in advance.(미리 지불하세요.)'

그건 명령문이네요. 그래서 선불이라고 설명해주는 게 아니라 '돈 미리 내요!'라고 명령하는 것처럼 들려요. 벽에 적어놓을 문구라면 모르겠지만, 직접 말로 하면 손님들이 당황할걸요?

그럼 내가 남부 여행에서 들었던 표현 'You should pay in advance(당신은 미리 지불하셔야 합니다)'는 어때?

딩동댕! 제가 오늘 준비해온 표현은 아니지만요.

▶▶ 그래서, 타일러가 준비한 표현은?

719

You have to pay first.

*** 해석** 먼저 계산해야 합니다.

Check!

* pay - (물건 값, 서비스 비용, 일의 대가 등을) 지불하다
* first - 우선, 먼저, 처음(으로)

타일러 Tip

영어에선 문장 첫머리부터 동사로 말하면 명령문이 돼요. 그래서 의도치 않게 상대의 기분을 상하게 할 수 있으니 동사 앞에 'have'나 'should' 등의 조동사를 써주는 편이 좋답니다. 오늘의 표현 대신 'You have to pay in advance.'라고 해도 괜찮아요!

720 머리 굴리지 마.

바로 듣기

저와 회사 동료들은 가끔씩 커피 내기 가위바위보를 하곤 해요. 근데 후배는 제가 뭘 낼지 이리저리 생각하면서 가위바위보를 하네요. 그때마다 '머리 굴리지 마!'라고 외치는데, 영어로도 궁금해요.

'Don't use your brain.(너의 뇌를 쓰지 마.)'

그건 뇌를 멈추라는 말인데요? 어색해요.

그럼 생각이 너무 많다는 방향으로 가야 할까? 'Do not think much.(너무 많이 생각하지 마.)'

90퍼센트는 맞았어요. 그 문장의 단어들을 그대로 쓰면 되는데 가장 중요한 한 단어, 'too'가 빠져 있네요. 그것만 넣어서 'Do not think too much.'라고 하면 완벽해요. 제가 가져온 표현과는 살짝 다르지만요.

▶▶ 그래서, 타일러가 준비한 표현은?

720

Don't think about it.

* **해석** 그것에 대해 생각하지 마.

* think - 생각하다

타일러 Tip

예전에 배웠던 'Don't even think about it.'을 기억하시나요? 어떤 것에 대해 '꿈도 꾸지 마.'라며 살짝 경고할 때 쓰는 표현이었죠. 근데 그 문장에서 단 한 단어, 'even'을 빼면 오늘의 표현처럼 의미가 달라져요. 뭔가에 대해 너무 많이 생각하지 말라는, 혹은 신경 쓰지 말라는 뜻이 되는 거죠. 이 표현은 친구가 어떤 것에 대한 걱정을 키워가면서 많이 고민하고 있을 때에도 쓸 수 있어요.

복습하기

706 ~ 720

- 이 썩는다!
- 언제까지 우려먹을래?
- 주제 파악 좀 하세요.
- 천천히 식혀서 먹어.
- 귀청 떨어지겠다.
- 나 많이 초조해.
- 넌 패션 테러리스트야.
- 나는 커서 소방차가 될 거야.
- 양이 안 차.
- 이것도 좋지만, 이게 더 좋아요.
- 밑져야 본전이야.
- 인맥이 넓으시네요.
- 혹 떼려다 혹 붙였네.
- 선불입니다.
- 머리 굴리지 마.

복습하기

- Your teeth will rot.
- You're never going to let that go, are you?
- You need a reality check.
- Wait for it to cool off a bit.
- I thought I was going to burst an eardrum.
- I'm running out of time.
- You have no fashion sense.
- When I grow up I want to be a fire truck.
- I still have room for more.
- That's good too but this one is better.
- It's worth a shot.
- You know everyone, don't you?
- You're worse off than when you started.
- You have to pay first.
- Don't think about it.

나는 촉이 좋아.

제주도 여행 중에 호스텔에 묵게 됐어요. A그룹과 B그룹으로 나뉘어 있고 그중 하나를 선택해야 한다고 해서 A그룹을 택했죠. 제가 촉이 기막히게 좋은데, 그쪽이 훨씬 더 재미있을 것 같더라고요. '나는 촉이 좋아.'가 영어로는 뭘까요?

촉이니까 '육감'이란 뜻의 단어를 써야겠지? 'I have a six sense.(나에겐 육감이 있어.)'

'six sense'가 뭐죠? '6번 감각'이란 뜻인가요?

그럼 순서를 바꿔서 'I have a sense of six.'는 어때?

첫 생일은 영어로 뭐라고 하나요? 'one birthday'가 아니라 'first birthday'라고 하죠? 'six sense'라는 표현을 들으면 뭐랄까… '도형의 일종에 대해 말하는 건가?' 싶어지네요.

▶▶ 그래서, 타일러가 준비한 표현은?

721

I have a sixth sense for this sort of thing.

* **해석** 나는 이런 걸 위한 여섯 번째 감각을 갖고 있어.

Check!

* sixth - 여섯 번째
* this sort of thing - 이런 종류의 것

타일러 Tip

'식스센스'라는 한글 제목의 영화와 TV 프로그램이 있긴 하지만, 영어로 정확히 쓰자면 'sixth sense', 즉 '여섯 번째 감각'이라고 해야 해요.
만약 'sixth'의 발음이 어렵다면 이렇게 바꿔 말해도 좋아요.
'I have a special sense for this sort of thing.(나는 이런 일을 위한 특별한 감각이 있어.)'

722

얼굴 보기 힘드네.

바로 듣기

제 아들은 상병으로 군 복무 중이에요. 근데 이 녀석이 휴가만 나오면 친구들 만나러 다니느라 얼굴을 볼 수가 없어 너무너무 속상하네요. '얼굴 보기 힘드네.'를 영어로 공부하며 마음이나 달래야겠어요.

'hard'를 써서 '힘들다'는 방향으로 접근해볼게. 'It's really hard to see your face.(너의 얼굴을 보기가 정말 힘들어.)'

그렇게 말할 때는 억양을 조심해야 해요. 자칫하면 '당신 얼굴을 보니까 힘들다.', 즉 '당신은 못생겼다.'란 의미로 잘못 전달될 수 있거든요.

서로 못 만나고 있는 상황이니 이건 어떨까? 'We haven't seen each other.(우리 못 만났군요.)'

그 표현을 쓰려면 뒤에 'in a while' 같은 걸 붙여 'We haven't seen each other in a while.(우리 한동안 못 만났군요.)'라고 해야 자연스러울 것 같아요.

▶▶ 그래서, 타일러가 준비한 표현은?

722

It's like you're not even here.

* 해석 　네가 여기 있지도 않은 것 같아.

Check!

* even - (예상 밖이나 놀라운 일을 나타내어) ~조차도
* here - 여기

타일러 Tip

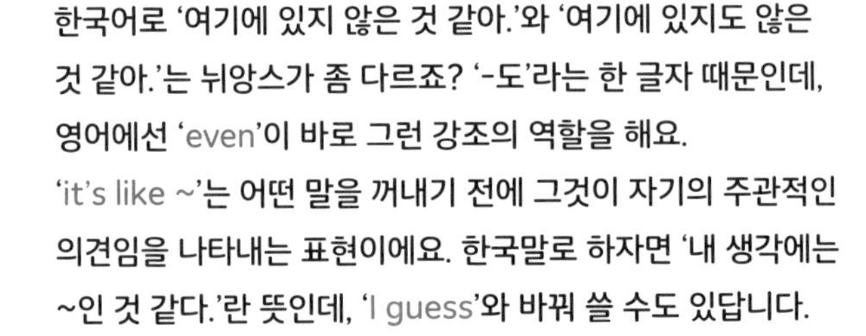

한국어로 '여기에 있지 않은 것 같아.'와 '여기에 있지도 않은 것 같아.'는 뉘앙스가 좀 다르죠? '-도'라는 한 글자 때문인데, 영어에선 'even'이 바로 그런 강조의 역할을 해요.
'it's like ~'는 어떤 말을 꺼내기 전에 그것이 자기의 주관적인 의견임을 나타내는 표현이에요. 한국말로 하자면 '내 생각에는 ~인 것 같다.'란 뜻인데, 'I guess'와 바꿔 쓸 수도 있답니다.

723

좋~을 때다!

바로 듣기

15년 전 친구들과 찍어 SNS에 올려놓았던 사진들을 보니 어찌나 모두 예쁘고 날씬하고 어려 보이던지요! 친구랑 저랑 동시에 '좋~을 때다!'라고 외쳤다니까요. 이 말, 영어로는 어떻게 하면 될까요?

정말 좋았던 시기라는 뜻이니 'timing'을 넣으면 어때? 'That was good timing.(좋은 시기였어.)'

'timing'은 어떤 일이 딱 벌어지기에 좋은 시점을 말해요. 오늘의 상황과는 안 맞죠.

그럼 'That was great period.(좋은 시대였어.)'

그 표현도 좋긴 한데, 'period'를 대신할 단어를 생각해보세요. 시간을 표현하는 단어 가운데 우리에게 정말 익숙한 게 있잖아요. 'month' 말고, 'week' 말고, 더 짧은 시간을 뜻하는 그 단어가 들어가면 아주 좋을 것 같아요!

▶▶ 그래서, 타일러가 준비한 표현은?

723

Those were the days.

* **해석** 그날들이 좋은 날들이었어요.

Check!

* day - (24시간 동안의) 하루, 날

타일러 Tip

이 표현은 영어권에서 정말 많이 쓰이고, 그래서 노래 가사나 시에서도 흔히 볼 수 있어요. 좋았던 '시절'이라고 하면 그런 날이 하루 이상이었다는 뜻이니 'day'의 복수형인 'days'를 써야겠죠? 동사 역시 그에 맞춰 'was' 대신 'were'가 되어야 한다는 것도 함께 기억해두세요.

724

너는 입이 참 싸구나.

친구한테 비밀을 지켜달라고 신신당부하면서 좋아하는 사람이 있다고 고백했는데, 어느새 소문이 다 나버렸네요. '너는 입이 참 싸구나.'란 영어 표현을 배워서 그 친구한테 한마디 해야겠어요.

'참'은 영어로 'so'겠지? 'Your mouth is so cheap. (넌 입이 참 싸구나.)'

'싸다'라고 해서 'cheap'을 넣으신 거죠? 근데 말만 세고 의미는 전달이 안 돼요.

입이 싼 건 말이 많기 때문일 테니 이렇게 해볼게. 'You're so talkative.(너는 참 수다스러워.)'

좋은 표현이지만, 그 표현은 비밀 얘기를 퍼트리고 다니는 사람이라기보다는 그냥 말을 많이 하는 사람을 나타내는 거라 이 상황에 딱 맞진 않아요.

▶▶ 그래서, 타일러가 준비한 표현은?

724

You're such a blabbermouth.

* **해석** 너는 비밀을 지키지 못하는 사람이야.

Check!

* blabber - 횡설수설하다
* blabbermouth - 비밀 얘기가 밖으로 튀어나오는 사람

타일러 Tip

'blabber'와 'blabbermouth'는 어떤 비밀을 '이르다', '일러바치다'란 뜻의 'blab'에서 나온 단어들이에요. 'blabbermouth'는 위에 나와 있듯 비밀 얘기가 밖으로 튀어나오는, 다시 말해 비밀을 지키지 못하는 사람이란 뜻이죠. 오늘의 표현 대신 똑같은 의미의 'You can't keep a secret.'를 써도 돼요. 실제로 영어권에서 매우 많이 사용되는 표현이랍니다.

725

왜 이렇게 날이 서 있어?

저는 아들 방을 들여다볼 때마다 속이 터져요. 쓰레기장처럼 너무 지저분하거든요. 그래서인지 요즘 말이 곱게 안 나가는데, 아들이 '엄마, 왜 이렇게 날이 서 있어요?'라고 묻더군요. 이 말은 영어로 뭘까요?

날이 서 있다는 건 화가 나 있다는 뜻 아닐까? 'Why are you so angry?(왜 그렇게 화났어요?)'

'angry'도 나쁘진 않아요. 근데 이 청취자 분의 상황을 한번 생각해볼까요? 아들의 방과 관련된 문제 때문에 이미 스트레스를 받은 상태고, 그래서 다른 것에 대해서도 신경이 곤두서 있는 상태인 거죠? 그래서 왜 날이 서 있냐고 아들이 물어본 걸 테고요.

그럼 'sensitive'를 써볼까? 'Why are you so sensitive?(왜 그렇게 예민해?)'

그 방향이 좋아요. 근데 그런 상태를 더 정확하게 표현한 단어가 있어요.

▶▶ 그래서, 타일러가 준비한 표현은?

725

Why are you so on edge?

*** 해석** 왜 신경이 곤두서 있어?

Check!

* edge - 끝, 가장자리, 모서리, (칼 등의) 날

타일러 Tip

탁구에서도 탁구대 모서리에 공이 맞았을 때 'edge'라고 하죠. 'be on edge'는 일촉즉발의 상황을 가리켜요. 오늘의 표현은 이미 잔뜩 날이 서 있는 사람, 조금이라도 더 자극을 받으면 터질 것 같은 상황에 있는 사람에게 쓰면 돼요.

726

그때를 노리고 있어.

남편의 노트북을 새걸로 바꿔야 할 것 같아 '연말에 보너스 타면 바꾸자.'라고 얘기했거든요. 그랬더니 남편이 '나도 그때를 노리고 있어.' 하던데, '그때를 노린다.'가 영어로는 뭘까요?

'I'm waiting for the best time.(좋은 때를 기다리고 있어.)'가 아닐까?

오늘 상황에서의 '그때'는 가장 좋은 때가 아니라 보너스 타는 때를 가리키죠? 그러니 'the best time' 대신 다른 표현을 써야 할 것 같아요.

그럼 '적절한'이란 뜻의 'proper'를 쓰면 어때? 'I'm waiting for the proper time.(나는 적절한 때를 기다리고 있어.)'

그렇게 말하면 의미가 달라져요. 'proper'는 예의, 매너, 사회적 관습에 있어서의 격식 등을 갖춘 걸 뜻하거든요. 그러니 '나는 남에게 불편을 끼치지 않을 때를 기다리고 있다.'란 뜻이 되어버려요.

▶▶ 그래서, 타일러가 준비한 표현은?

726

That's what I'm waiting for.

* 해석 그때를 기다리고 있는 거야.

Check!

* wait for - ~을/를 기다리다

타일러 Tip

오늘의 표현은 완벽한 미국식 영어예요. 여기에서의 'that'은 '그때'를, 'what I'm waiting for'는 '내가 기다리고 있는 것'을 뜻해요. 그래서 '그때를 노리고 있어.'가 되는 거죠.
'That's what~'은 매우 흔하게 쓰는 표현이니 꼭 기억해주세요.

- That's what I'm saying. = 내 말이 그 말이야.
- That's what I mean. = 내 말이 그 뜻이야.

말대꾸 그만해!

바로 듣기

요즘 저는 여섯 살짜리 딸아이랑 씨름 중이에요. 일어나라고 해도 '왜?', 유치원 가라고 해도 '왜?' 하거든요. 무슨 말을 하든 그러니 정말 속이 터져서 매번 '말대꾸 그만해!'라고 외치고 싶지만 꾹 참아요. 이 말, 영어로라도 해보고 싶네요.

'Stop talking.(그만 말해.)'는 어떨까?

그건 너무 말이 많은 상대에게 '그만 좀 멈춰.'라고 하는 의미인데요? 만약 오늘의 상황에서 'stop'를 꼭 써야 한다면, 저는 'Stop it.'이라고 할 거 같아요.

그럼 'Don't'를 써볼게. 'Don't talk back!(다른 말 하지 마!)'

그 표현은 특정 행동을 하지 말라는 게 아니라, 어떤 행동이든 그만하라며 정리하는 느낌이에요. 근데 오늘 상황에선 딸이 특정 행동을 하고 있죠?

▶▶ 그래서, 타일러가 준비한 표현은?

727

Knock it off!

* **해석** 그거 그만해.

Check!

* knock off - 중단하다, (중간에) 끝내다

타일러 Tip

'knock'는 '두드리다', '노크하다', '치다', '부딪치다' 등을 뜻하는 동사죠? 근데 그 뒤에 'off'가 붙어 'knock off'가 되면 '어떤 행위를 중단하다'란 의미를 가져요. 그래서 그 행동을 그만하라고 말하고 싶을 땐 'Knock it off!'라고 하죠. 이처럼 영어에선 같은 동사라도 뒤에 어떤 전치사가 붙느냐에 따라 의미가 달라지곤 해요. 오늘의 표현은 'Stop it!'만큼이나 많이 쓰는 표현이니 기억해두었다가 사용해보세요.

728

너는 다재다능하구나.

제 딸은 요즘 한창 들떠 있어요. 외국인 교환학생이 곧 학교에 온다면서요. 그 학생은 운동, 노래, 공부 다 잘한다니 '너는 다재다능하구나.'라고 칭찬해주고 싶다는데 영어로 어떻게 말해야 할지 모르겠대요. 뭐라고 해야 할까요?

'다양하다'는 의미의 'multiple'은 어때? 'You're so multiple person.(너는 참 다양한 사람이구나.)'

네? 'multiple person'은 다중인격자란 뜻인데요?

그럼 'You're good at everything.(너는 모든 걸 잘하는구나.)'

다양한 재능을 가졌다는 느낌이 안 살아요. '재능'이 영어로 뭐죠?

▶▶ 그래서, 타일러가 준비한 표현은?

728

You're so talented.

* **해석** 너는 정말 재능이 있구나.

Check!

* talented - (타고난) 재능이 있는

타일러 Tip

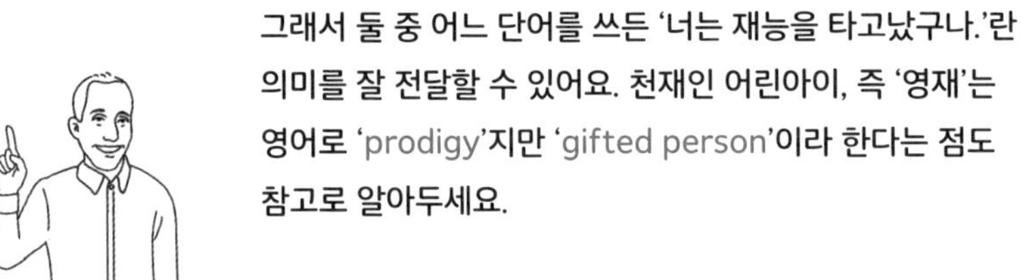

오늘의 표현에서 'talented' 대신 'gifted'를 써도 좋아요. 'gifted' 역시 '재능이 있는', '(좋은 것을) 지닌'의 뜻이거든요. 그래서 둘 중 어느 단어를 쓰든 '너는 재능을 타고났구나.'란 의미를 잘 전달할 수 있어요. 천재인 어린아이, 즉 '영재'는 영어로 'prodigy'지만 'gifted person'이라 한다는 점도 참고로 알아두세요.

729

저 보기보다 어려요.

저는 타고난 노안이에요. 서른이라고 제 나이를 말하면 다들 깜짝 놀라더라고요. 그래서 '저 보기보다 어려요~'란 말을 입에 달고 사는데, 영어로도 말해주고 싶어요.

'I am younger than you expected.(나는 당신이 예상한 것보다 어려요.)'

좋아요. 근데 'expected' 대신 쓸 수 있는 다른 단어는 없을까요? 'I am younger than'까지는 아주 좋아요.

'expected'를 대신할 수 있는 단어라면… '판단하다'란 뜻의 'judge'는 어때? 'I am younger than you judge.(나는 당신이 판단하는 것보다 어려요.)'

'판단'이란 단어까지는 안 쓸 거 같은데요? '보기'보다 어리다는 말 자체에 주목해볼까요? '보다'는 영어로 뭐죠?

▶▶ 그래서, 타일러가 준비한 표현은?

729

I'm younger than I look.

*** 해석** 나는 보기보다 어려요.

Check!

* younger(young의 비교급) - 덜 성숙한, 더 어린

타일러 Tip

오늘의 표현에서처럼, 나이와 연결된 외모를 표현할 때는 'look'을 많이 써요. 'I look old.(나는 나이 들어 보여.)' 혹은 'I look young.(나는 어려 보여.)'처럼요.
또 '보기보다 어리다'란 말 안에는 비교의 의미가 들어 있죠? 그래서 'young'의 비교급인 'younger'을 쓴 거랍니다.

730 어깨 좀 쫙 펴!

추위를 워낙 많이 타는 남편은 요즘 '추워! 추워!'를 연발하며 어깨를 잔뜩 움츠리고 다녀요. 그 모습을 볼 때마다 등을 탁 치면서 '어깨 좀 쫙 펴!'라 하곤 하는데, 영어로는 뭐라고 해야 하죠?

펴는 건 여는 것이기도 할 것 같아. 'Open up your shoulder.(어깨를 열어.)'

'open up'은 닫힌 공간이나 마음을 연다는 뜻, 혹은 들어가지 못하는 곳을 열어준다는 뜻이에요. 그러니 어깨를 'open up'한다는 건 좀 이상하겠죠?

웅크리고 다니는 사람에게 그러지 말라고 이야기하는 거니까, 글쎄… 'cheer up.(힘내.)'?

어깨 펴라고 응원까지 해줄 필요가 있을까요? 제가 오늘 가져온 표현은 딱 한 단어짜리예요!

▶▶ 그래서, 타일러가 준비한 표현은?

730

Posture!

* **해석** 자세!

Check!

* posture - (사람이 앉거나 서 있는) 자세

타일러 Tip

어깨를 움츠리고 있는 누군가를 봤을 때 '어깨 펴!'라고 하지만, 그보다 더 짧게 '어깨!'라고 할 수도 있죠? 오늘의 표현도 그와 비슷한 예에 해당해요. '자세 고쳐!'라고까진 하지 않고 그냥 '자세!'라고만 말하는 거죠. 어깨가 아닌 허리가 굽어 있든 서 있는 자세가 어정쩡하든, 'Posture!'라는 단어 하나만 말하면 되니 간단하지 않나요?

731

너니까 해낸 거야.

쌍둥이 자녀를 기르며 회사 일도 열심히 하던 친구가 미국으로 이민을 간다네요. 그동안 고생했다는 의미로 '너니까 해낸 거야.'라는 말을 영어로 멋지게 해주고 싶어요.

'You did a good job. Because of you.(당신은 잘 했어요. 당신 덕분에요.)'

'because of you'를 쓰려면 당신 덕분에 다른 사람이 어떠어떠하게 됐다는 이야기가 있어야 해요. 'you'가 아닌 다른 주어가 따로 있어야 하는 문장인 거죠. 방향을 좀 바꿔서, '너니까 해낸 거야.'라는 말을 할 때 어떤 뉘앙스인지를 생각해볼까요?

'너니까 할 수 있다는 걸 나는 알고 있었어!'라는 거겠지? 그럼 'knew'를 써볼게. 'I knew you did a good job.(나는 네가 잘할 거라는 거 알고 있었어.)'

'I knew you'까진 좋은데… 'good job' 말고 어떤 표현을 쓰면 좋을까요?

▶▶ 그래서, 타일러가 준비한 표현은?

731

I knew you could do it.

* **해석** 나는 네가 그 일을 할 수 있을 거란 걸 알고 있었어.

Check!

* knew(know의 과거형) - 알고 있었다
* could(can의 과거형) - 할 수 있었다

타일러 Tip

'know'가 아닌 'knew'를 쓴 건 '나는 이미 알고 있었다.'란 과거형의 의미를 전달하기 위해서예요. 이 표현을 말할 때 'knew'에 강한 악센트를 주면 문장의 의미를 훨씬 강조할 수 있어요. '나는 확실히 알고 있었어!' 같은 느낌을 주는 거죠.

알아서 해주세요.

오늘은 새로 오픈한 헤어숍에 다녀왔어요. 헤어디자이너 분께 그냥 '알아서 해주세요.' 한 마디만 했을 뿐인데 아주 마음에 들게 손질해주셨네요. '알아서 해주세요.'는 영어로 어떻게 말하나요?

알아서 해달라는 건 당신이 하는 바에 달렸다는 뜻이잖아? 'It's up to you.(당신에게 달렸어요.)'

그렇게 말해도 의미는 전달될 텐데, 오늘 같은 상황에서 쓰는 표현이 따로 있어요. '내가 뭔가를 정하긴 어렵고 싫으니 당신이 정해서 해주세요.'를 재밌게 표현한 말이죠.

'맘대로 하세요.'란 뜻의 'Suit yourself.'는 어때?

그건 '네가 원하는 대로 해.'란 뜻인데, 너무 맡겨버리는 느낌이지 않나요?

그럼 'You choose.(당신이 선택하세요.)'

그 표현도 깔끔하네요. 근데 제가 가져온 표현은 더 재밌어요.

▶▶ 그래서, 타일러가 준비한 표현은?

732

Surprise me.

* **해석** 나를 놀라게 해봐.

Check!

* surprise ~ - ~을/를 놀라게 하다, 기습하다

타일러 Tip

어느 바에 들어간 상황을 상상해보세요. 자리를 잡고 앉으면 바텐더가 'What can I get you?(어떤 음료를 드실 건가요?)'라 묻겠죠? 바로 그때 오늘의 표현으로 대답하면 돼요. 'Surprise me!'라고 하면, 바텐더는 자신이 가장 자신 있게 만들 수 있는 칵테일을 내놓을 거예요.

733

내가 너한테 쓴 돈이 얼만데!

바로 듣기

제가 그동안 밥과 술을 아낌없이 사줬던 동기가 저보다 먼저 승진했어요. 근데 승진하자마자 제게 존댓말 쓰라며 눈치를 주네요. 어휴, 너무 속상한 나머지 '내가 너한테 쓴 돈이 얼만데!'란 말이 절로 나오는데, 이럴 땐 영어로 뭐라고 하나요?

일단 떠오르는 대로 시도해볼게. 'How much did I spend money for you.(내가 당신을 위해 얼마나 돈을 썼습니까.)'

그렇게 돈을 직접 언급하면 좀 개념 없는 사람처럼 보일 것 같아요. 마치 돈으로 사람을 살 수 있다고 생각하는 것처럼 받아들여지거든요.

그럼 'money'를 빼고 이렇게 하면 어떨까? 'I was good for you.(나 너한테 잘해줬잖아.)'

음… '너한테 쓴 돈이 얼만데!'는 그 사람과 친하다고 생각했던 데서 나오는 말이 아닐까요? '친하다'란 뜻의 영단어는 뭘까요?

▶▶ 그래서, 타일러가 준비한 표현은?

733

I thought we were close.

* 해석 　난 우리가 친한 줄 알았는데….

Check!

* close - (시간, 공간적으로) 가까운

타일러 Tip

'be close'는 사람끼리 마음의 거리가 가깝다는 의미예요.
'어색한 사이라서 그래.'를 'We are not that close.'라 한다고 앞서 배웠던 걸 기억하실 거예요.
'내가 너한테 쓴 돈이 얼만데!'라는 말의 의도는 사실 돈 얘기를 하고 싶은 게 아니겠죠? 그 사람과의 관계를 위해 많은 돈을 썼던 내 마음에 대한 이야기를 하고 싶은 거잖아요.
우린 친하고 가까운 사이라고 생각했는데 이런 상황이 되니 서운하다는 마음을 전달하고 싶을 때 쓰는 게 오늘의 표현이랍니다.

734

꾸안꾸(꾸민 듯 안 꾸민 듯)

요즘 꾸안꾸, 그러니까 꾸민 듯 안 꾸민 듯한 패션이 대세인 거 아시죠? 대놓고 꾸미는 것보다 더 힘든 것 같긴 하던데, '꾸안꾸'도 영어로 표현 가능한가요?

꾸안꾸? 'Decorated or not decorated(꾸며졌든 안 꾸며졌든)'이라고 하면 되려나?

한국어 표현 그대로를 영어로 옮긴다면 그렇게 되겠지만, 실제로 사용되는 표현은 아니죠. 꾸미려면 애를 써야 하는데, 꾸안꾸는 애를 안 쓴 것처럼 보이게 한다는 거죠?

'Not diligent.(성실하지 않아.)'

아, 아니에요! 한 단어로 끝낼 수 있는 표현이 있는데….

▶▶ 그래서, 타일러가 준비한 표현은?

734

Effortless.

*** 해석** 수고(노력) 없이

Check!

* effortless - 힘이 들지 않는, 수월해 보이는
* effort - 수고, 노력, 수고/노력을 요하는 것

타일러 Tip

'Effortless.'는 그리 애쓴 거 같지 않은데 자연스럽게 예뻐 보이는 누군가에게 간단히, 그럼에도 효과적으로 쓸 수 있는 표현이에요.
'effort'는 '노력', '수고'의 뜻이지만 그것들을 요하는 행위를 지칭하기도 해요. 그래서 그 뒤에 '-less'가 붙은 'effortless'는 '노력할 것 없이 자연스럽게 어떤 상태가 되어 있는 것'을 뜻하는 거죠. '꾸안꾸'가 외모를 뜻하는 말로 쓰이는 반면, 'effortless'는 좀 더 넓은 의미로 사용되니 참고해주세요.

너 화장 떴어.

바로 듣기

친구가 제가 사는 서울로 놀러온다 해서 화장을 곱게 하고 나갔어요. 근데 절 보자마자 친구가 '너 화장 떴어!' 하는 거 있죠? 제 기분을 상하게 만든 이 말, 영어로는 뭔지 궁금해요.

영어권에선 상대의 외모를 지적하는 게 실례잖아? 'You makeup… Wow!(너 화장이… 와우!)' 어때?

하하하! 재밌는데요? 미국 드라마에 나오는 성격 좋은 사람들이라면 그렇게 말할 것도 같지만, 글쎄요….

'Do you have a mirror? You have to check it up.(거울 필요해? 체크해야 할 거 같아.)'

나쁘진 않지만, 전 'makeup'이 들어가는 표현을 가져와봤어요.

▶▶ 그래서, 타일러가 준비한 표현은?

735

Your makeup is a bit….

＊해석 너 화장이 좀….

Check!

＊ makeup - 화장, 분장
＊ a bit - 조금, 약간

타일러 Tip

오늘의 표현을 완전한 문장으로 끝맺음하려면 'Your makeup is a bit off.'라 해야 하지만, 실제로 얘기할 때는 'off'를 빼도 돼요. 'a bit'까지만 말해도 상대가 본인의 상태를 깨달을 수 있거든요. 상대의 얼굴에 뭔가 묻어 있는 걸 보고서 'You have something on your face.'라고 하는 사람도 있지만, 'You have something…'까지만 말하는 사람도 많죠.
그러고 보니 이것과 유사한 상황의 표현을 예전에 알려드린 적이 있네요. '네 이에 뭐가 끼었어.'라 하고 싶을 땐 'You have something…(in your teeth.)'라고 하면 된다는 것, 기억나시죠?

복습하기 721 ~ 735

- 나는 촉이 좋아.
- 얼굴 보기 힘드네.
- 좋~을 때다!
- 너는 입이 참 싸구나.
- 왜 이렇게 날이 서 있어?
- 그때를 노리고 있어.
- 말대꾸 그만해!
- 너는 다재다능하구나.
- 저 보기보다 어려요.
- 어깨 좀 쫙 펴!
- 너니까 해낸 거야.
- 알아서 해주세요.
- 내가 너한테 쓴 돈이 얼만데!
- 꾸안꾸(꾸민 듯 안 꾸민 듯)
- 너 화장 떴어.

복습하기

- I have a sixth sense for this sort of thing.
- It's like you're not even here.
- Those were the days.
- You're such a blabbermouth.
- Why are you so on edge?
- That's what I'm waiting for.
- Knock it off!
- You're so talented.
- I'm younger than I look.
- Posture!
- I knew you could do it.
- Surprise me.
- I thought we were close.
- Effortless.
- Your makeup is a bit ….

사랑이 야속해~

철업디가 가수 하춘화 씨 성대모사를 많이 하잖아요. 철업디 덕분에 〈날 버린 남자〉도 차트에서 역주행을 했다던데, 그 노래 가사에 있는 '사랑이 야속하더라~'는 영어로 어떻게 표현할 수 있나요?

야속하다는 건 그것 때문에 힘들다는 의미지? 'Love is difficult.(사랑은 힘들어.)'

틀렸다고 할 순 없지만, 딱 맞는 말이라 하기도 어려운데요?

'Love is complicated.(사랑은 복잡해.)'

그것도 맞긴 해요. 근데 '야속하다'는 말엔 뭔가 당한다는 느낌이 들어 있죠. 사랑하는 사람에게서 야속함을 느끼면 마음이 아플 거고, 그럼 어떤 말을 하게 될까요?

▶▶ 그래서, 타일러가 준비한 표현은?

736

That's love.

* **해석** 사랑이 그래.

Check!

* love - 사랑

타일러 Tip

오늘의 표현을 의역하면 '사랑이란 게 원래 그래.'의 뜻이에요. 이건 순한 맛 버전에 해당하는 표현인데, 매운맛 버전도 살짝 알려드릴게요. 바로 'Love's a bitch.'예요. 'bitch(암캐)'란 단어가 들어 있으니 욕설에 해당하는 표현이죠. 그러니 '○○ is a bitch.'는 '○○이/가 사람을 괴롭히다', '○○이/가 짜증나게 하다'의 뜻이란 것만 알아두세요. 욕설은 가능한 한 입밖으로 뱉지 않는 게 좋고, 전달하고자 하는 의미도 같으니 매운맛보다는 순한 맛 버전의 표현을 추천해드립니다.

아침밥이 보약이다.

바로 듣기

아침밥 먹기 운동본부에서 주관하는 '아침밥 먹기 서약서'를 쓰고 왔어요. 서약한 대로 꼭 해보자고 친구랑 다짐도 했고요. 근데 '아침밥이 보약이다.'라는 말은 영어로 뭔가요?

'Breakfast is the best medicine.(아침밥이 최고의 약이야.)'

나쁘진 않지만 'medicine'은 보약과 좀 다른 거 같아요. 'medicine'은 아플 때 먹는 약이고, 보약은 아프지 말라고 예방 차원에서 먹는 거니까요.

그럼… 'Breakfast is the best stamina.(아침밥은 최고의 체력이다.)'

'stamina'는 어색한데요? 보약이라는 느낌을 살려서 다시 생각해보세요.

▶▶ 그래서, 타일러가 준비한 표현은?

737

Breakfast is the most important meal of the day.

*** 해석** 아침 식사는 하루 중 가장 중요한 식사입니다.

Check!

* most - 가장, 최고로

* important - 중요한

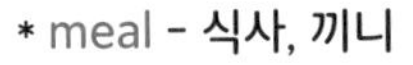
* meal - 식사, 끼니

* of the day - 하루 중에

타일러 Tip

오늘의 표현은 미국에서 오래된 관용구처럼 쓰는 표현이에요. 아침밥의 중요성은 한국뿐 아니라 미국에서도 정말 많이 강조하거든요. 그래서 'breakfast'의 자리에 'lunch(점심 식사)'나 'dinner(저녁 식사)'를 넣어서 얘기하면 미국 사람들은 어색하게 생각할 거예요. 한국어로도 '점심(저녁)밥이 보약이다.'라 하면 좀 이상하잖아요?

738

나 헛걸음했어.

동네 마트에서 세일하는 삼겹살을 사 와서 먹다 보니 양이 적더라고요. 그래서 이튿날 또 사러 갔는데 세일이 이미 끝나버렸지 뭐예요? '나 헛걸음했어.'의 영어 표현을 배우며 허탈함을 달래볼게요.

'I had a wrong step.(나는 잘못된 걸음을 했어요.)'

그건 발을 잘못 디뎠다는 말 같은데요? 오늘 상황에서의 '헛걸음'은 '헛수고'랑 의미가 비슷하잖아요. 수고를 들였지만 보람이 없는 것에 초점을 맞춰보세요.

'낭비했다'는 느낌은 어떨까? 'I waste my time.(난 시간 낭비했어.)'

나쁘지 않아요. 근데 헛걸음했다는 걸 깨달은 바로 그 순간 곧장 튀어나올 수 있는 말로는 어떤 게 있을까요?

▶▶ 그래서, 타일러가 준비한 표현은?

738

I guess I came here for no reason.

* 해석　나는 아무 이유 없이 여기 온 거 같네요.

Check!

* come - 오다
* reason - 이유, 까닭

타일러 Tip

'for a reason'은 '어떤 이유를 위해서', 'for no reason'은 '아무런 이유 없이'라는 뜻이에요. 오늘의 표현에서 'for no reason' 대신 'nothing'을 넣어 'I guess I came here for nothing.'이라고 말할 수도 있어요.

739

그 말, 안 들은 걸로 할게.

바로 듣기

저 몰래 바람을 두 번이나 피워서 헤어진 전 남자친구한테서 전화를 받았어요. 한 번만 더 믿어달라, 용서해달라 운운하며 울먹이기에 단호하게 말했죠. '그 말 안 들은 걸로 할게.' 이걸 영어로도 알려주세요.

'~인 척하다'란 뜻의 'pretend'를 써볼게. 'Pretend I am not listening.(못 들은 척할게.)'

좋아요. 'pretend'는 오늘의 표현에 꼭 필요한 단어거든요.

그럼 'listening(듣다)'도 들어가?

아쉽지만 안 들어가요. 'listening'은 누군가의 말을 계속 경청하는 것, 지속적으로 듣고 있는 걸 뜻하거든요.

▶▶ 그래서, 타일러가 준비한 표현은?

739

I'm going to pretend you didn't say that.

* **해석** 당신이 그 말을 안 한 걸로 생각할게요.

Check!

* be going to ~ - ~ 할 것이다
* pretend ~ - ~인 척하다

타일러 Tip

'그 말 안 들은 걸로 할게.'는 내 입장에서 이야기하는 표현이죠? 근데 영어식 사고방식에선 어떤 말을 듣고서 애써 모른 척하는 내 행동보다는 상대가 그 말을 이미 했다는 점에 초점을 맞출 것 같아요. 그래서 오늘의 표현처럼 '네가 그 말을 하진 않은 걸로 여기겠다.'라고 말하는 거고요.
나는 못 들은 척하겠다는 점을 꼭 전달하고 싶다면 'listen'이 아닌 'hear'을 써서 'I'm going to pretend I didn't hear that.(나는 그 말을 못 들은 척 할게.)'라고 하는 게 맞아요. 'listen'은 지속적으로 듣는 것, 'hear'은 한번 들려오는 것을 지칭하기 때문이죠.

740

나만 아는 맛집이었어.

자주 가는 닭강정 가게를 갔다가 폐업 소식을 들었어요. 오랜 단골이었고 나만 아는 맛집이었는데 너무너무 속상하네요. '나만 아는 맛집이었어.'를 영어로는 어떻게 말하나요?

맛집이면 최고의 음식점이란 뜻이잖아. 'Great restaurant only that I know.(나만 아는 최고의 식당.)'

음… 나만 아는 맛집이라고 표현하긴 하지만 실제로 나 혼자만 그곳을 아는 건 아니겠죠? 그 정도로 자기가 소중히 여기는 장소였다는 점을 표현하면 좋을 것 같아요.

'That's mine.(그건 내 거야.)'

하하! 장난감을 뺏긴 아이가 투정 부리면서 하는 말 같긴 한데, 그렇게 해도 뜻이 통하긴 하겠네요.

▸▸ 그래서, 타일러가 준비한 표현은?

740

This was my go to.

* **해석** 여긴 내가 즐겨 찾았던 곳이야.

Check!

* my go to - 자주 가는, 즐겨 찾는

타일러 Tip

오늘의 표현은 청취자 분의 사연처럼 항상 찾았던 맛집에 갔는데 문을 닫은 상황과 맞닥뜨렸을 때 써요. 이젠 더 이상 영업하지 않는 그 식당 앞에서 이야기하는 상황이기 때문에 'this'를 주어로 썼고요.

'my go to'는 식당이나 장소 등에 대해 생각했을 때 '나는 여기!'라고 말할 수 있을 만큼 가장 먼저 떠오르는 곳을 가리켜요. 보다 정확하게 말하고 싶다면 문장 끝에 'place', 'spot', 'restaurant' 등을 넣을 수도 있지만 대개는 그 부분을 생략한답니다.

741

넌 눈치가 없어.

바로 듣기

이런저런 것들을 정하는 회의가 마무리될 때쯤이면 그제야 눈치 없이 나서서, 이미 정해진 내용들에 대해 태클을 거는 신입사원이 있어요. 그때마다 분위기가 싸해지는 건 당연하겠죠? '넌 눈치가 없어.'라고 영어로 말해주고 싶네요.

고집이 세다는 방향으로 가볼까? '고집하다', '주장하다', '우기다'라는 뜻의 'insist'를 써서… 'He insist too much.(그는 너무 고집스러워.)'

오늘의 상황을 잘 상상해보세요. 신입사원이 자신의 의견을 막 주장한다기보다는, 이미 어떤 것들에 대한 결론이 난 상황인데 분위기 파악을 못하고 있는 거죠?

'He can't read the mood.(넌 분위기 파악을 못해.)'

와, 제가 가져온 것과는 다르지만 그 표현도 아주 좋아요!

▶▶ 그래서, 타일러가 준비한 표현은?

741

You're a bit clueless.

* **해석** 당신은 눈치가 좀 없네요.

Check!

* clue - 힌트, 단서
* clueless - 아주 둔한, 눈치가 없는

타일러 Tip

'be clueless'는 단서를 줘도 쉽게 알아채지 못할 정도로 눈치 없는 걸 뜻해요. 'You're clueless.'라고만 하면 의미가 지나치게 강해지기 때문에 'a bit'을 넣어 좀 순화시킨 것이 오늘의 표현이고요.
근데 누군가에게 눈치 없다고 대놓고 이야기하는 건 실례인 게 사실이죠? 그러니 이런 표현이 있다는 걸 알아만 두세요.

우리 화해했어.

얼마 후에 영어 진급 시험이 있어서 요즘 '영어 일기 쓰기'를 하고 있는데요, 직장 동료와 살짝 다퉜다가 화해한 걸 영어로 뭐라 써야 할지 모르겠네요. '우리는 화해했다.'는 영어로 어떻게 표현하나요?

'화해'라는 단어 때문에 헷갈린 거 같은데, 직장 동료와 화해한 거니까 '타협했다'라고 표현해도 될 거 같아. 그래서 '타협'을 뜻하는 'compromise'라는 단어가 있으니 그걸 써볼까? 'We compromised.(우리는 타협했어요.)'

'compromise'가 타협이란 뜻인 건 맞는데, 그 단어엔 뭔가를 포기했다는 뉘앙스가 좀 있어요. 그래서 화해하고 싶은 마음이 강하진 않은 느낌이랄까요? 어쩔 수 없이 화해했다는 듯한 인상을 주네요.

그럼 '화해하다'의 영어 숙어인 'make up'을 변형해보면 어때?

딩동댕! 맞았어요.

▶▶ 그래서, 타일러가 준비한 표현은?

742

We made up.

*** 해석** 우리 화해했어.

Check!

* made up - 화해했다

타일러 Tip

오늘의 표현은 제삼자에게 이야기할 때 써요. 다툼을 했던 상대에게 직접 '미안해. 화해하자!'라고 말하고 싶을 경우엔 'I'm sorry. Let's make up.'이라고 하면 되고요. 다만 'make up'에는 '화장하다'라는 뜻도 있기 때문에 이 말을 할 때는 억양에 신경을 써야 해요. 'Let's make up.'에서 'up'을 강조하면 '화해하자.'란 뜻이지만 'make'을 강조해서 말하면 '화장하자.'가 된답니다. 이 점에 유의해주세요.

743

속는 셈 치고

바로 듣기

요즘 울컥울컥 눈물이 자주 나는 걸 보니 제가 갱년기인가 봐요. 이 말을 하니까 아는 동생이 '속는 셈 치고 꽃 한번 사봐.', '속는 셈 치고 맛있는 거 먹어봐.'라고 하던데… '속는 셈 치고!'는 영어로 뭐라고 하나요?

'~인 척하다'란 뜻의 'pretend'를 배운 적이 있잖아. 'Pretend you cheat on me.(속는 척해봐.)'

바람 피웠다고 속인 척해보자? 이상한 뜻이 되는데요?

그럼 나를 믿으라고 말해보는 건 어때? 'Trust me.(날 믿어.)'

아주 좋아요! 제가 오늘 갖고 온 표현은 'Trust me.'와 짝으로 쓰이는 경우가 많거든요.

▶▶ 그래서, 타일러가 준비한 표현은?

743

You never know.

* **해석** 네가 절대 알 리 없어.

Check!

* never - 절대
* know - 알다

타일러 Tip

'네가 절대 알 리 없어.'는 다시 말해 '네가 직접 해봐야 알 거야.'란 뜻이겠죠? 그래서 '속는 셈 치고!'와 같은 의미의 표현이 돼요. 'Who knows?(누가 알겠어?)'도 비슷한 상황에서 많이 쓰죠. 또 'Trust me.'라고 해도 같은 의미가 돼요.

744 개 팔자가 상팔자

2시간이나 걸리는 친구네 집에 놀러갔는데, 친구가 저한테는 겨우 라면 하나 끓여주면서 자기네 강아지한테는 최고급 산양유 간식을 주더라고요. 그때 머릿속에 떠오른 '개 팔자가 상팔자'란 말, 영어로는 어떻게 하는지 궁금해요.

'개가' 들어가니까… 'Dog is great destiny.(개들은 좋은 운명이야.)'

오늘의 표현에 'dog'가 들어가긴 하는데 그 방향은 아니에요. '개 팔자가 상팔자'란 건, 개들은 대개 좋은 입장에 있다는 뜻이겠죠?

그러면 이렇게 말해볼까. 'If were a dog…(만약에 개였다면…)'

비슷하게 전달은 되겠지만 영어에선 더 자주 쓰는 표현이 있어요.

▶▶ 그래서, 타일러가 준비한 표현은?

744

Dogs have it good.

*** 해석** 개들은 (상황이) 좋아.

Check!

* have ~ - ~을/를 가지다

* good - 좋은, 괜찮은, 잘

타일러 Tip

'have it good'은 어떤 사람이 잘 살고 있고, 팔자가 좋고, 인생이 잘 풀려서 부러울 때 쓰는 표현이에요. 금수저로 태어나서 일할 필요 없이 놀러만 다니는 사람이 있다면 'He(She) has it good.'이라고 말할 수 있겠죠? 문법적으로 맞는 표현은 아니지만 똑같은 의미로 'got it good'을 쓰기도 해요. 'have it good'보다는 순화된 느낌이 들죠.

745 먹는 게 남는 거야.

한 달째 다이어트 중인데 소고기 회식이 잡혀버렸네요. 소고기를 앞에 두고도 깨작대는 제게 사장님이 '먹는 게 남는 거야.'라고 하시더라구요. 그런데 이 표현 영어로는 어떻게 하면 될까요?

한국말 그대로를 영어로 바꿔볼게. 'Eating is the best saving.(먹는 게 남는 거야.)'

음… 오늘의 표현은 좀 어려워요. 다이어트 중인 사람에게 음식을 먹으라고 설득해야 하잖아요. 그러려면 미국인들이 들었을 때 설득될 만한 내용이 들어가야 할 것 같아요.

'You have to eat, eating is the best way for health.(당신은 먹어야 해요. 먹는 게 건강해지는 최고의 방법이에요.)'

맞아요! 그런 식으로 설득해야 해요.

▶▶ 그래서, 타일러가 준비한 표현은?

745

If you don’t eat, it will go to waste.

* **해석** 당신이 먹지 않으면, 그건 버려질 거예요.

Check!

* eat - 먹다
* waste - 낭비하다, 낭비되다

타일러 Tip

오늘의 표현에 있는 ‘it’ 자리에 정확한 음식 명칭을 넣어도 돼요. ‘당신이 먹지 않으면, 그 고기는 버려질 거예요.’라고 말하려면 ‘If you don’t eat the meat, it will go to waste.’란 식으로 하는 거죠. 사실 이건 미국에서 어머니한테 제가 자주 들었던 말이랍니다.

746

진짜 불공평하네.

바로 듣기

어느 배우가 팬 미팅에서 노래하는 영상을 봤어요. 연기도 잘하는데 노래까지 잘하더라고요. 그 배우는 대체 못 하는 게 뭘까요? 이런 걸 볼 때마다 '진짜 불공평하네.'라고 한탄하고 싶어져요.

'fair(공평하다)'를 써서 문장을 만들어야 하지 않을까?
'He's not fair.(그는 공평하지 않아.)'

음, 뭐가 공평하지 않다는 건지 다시 한번 생각해볼까요? 오늘의 상황에서 불공평하다고 느껴지는 건 그 사람의 행동 자체가 아니라 그 사람이 갖고 있는 것들이겠죠?

그럼 주어를 바꿔서 'It's not fair.(그건 공평하지 않아.)'

좋아요. 제가 가져온 것과는 조금 다르지만 그것도 맞아요.

▶▶ 그래서, 타일러가 준비한 표현은?

746

It(That)'s so unfair.

* 해석 그건 불공평해.

Check!

* unfair - 부당한, 불공평한

타일러 Tip

오늘의 표현에 쓰인 'so'는 강조를 위해 넣은 단어예요. 주어가 'It'이 될지 'That'이 될지는 상황에 따라 다를 테고요.
'not fair'은 '공평하지 않은', 'unfair'는 '불공평한', 혹은 '부당한'이란 뜻이에요. 의미상으로는 같지만 이 두 단어의 뉘앙스는 조금 달라요. 한국어의 '부당한'이 그렇듯이 'unfair'가 좀 더 강한 느낌이라고 보시면 될 것 같네요.

- It's so unfair. = 그건 진짜 불공평해(부당해).
- It's so not fair. = 그건 진짜 공평하지 않아.

747

너 잘 만났다.

유튜브로 영화를 보는데 주인공이 원수와 외나무다리에서 마주친 상황이 되었어요. 그때 주인공이 '야~ 너 잘 만났다.' 하더라고요. 'Nice to meet you.'라고 할 상황은 분명 아닌데, 이 말은 영어로 어떻게 해야 할지 모르겠네요.

만나서 반가운 상황은 당연히 아니니 'Nice to meet you.'가 아닌 건 맞네. 그럼 비꼬는 톤으로 이렇게 말하지 않을까? 'Finally you are here.(마침내 네가 여기에 있네.)'

아주 자연스럽고 좋은 표현이에요. 비슷한 느낌의 다른 표현을 더 생각해보세요.

그럼 'Look who's here.(이게 누구야!)'는 어때?

그 표현은 반가울 때 주로 써요. 오늘의 표현은 그것과 형태는 비슷한데 느낌이 좀 다르죠.

▶▶ 그래서, 타일러가 준비한 표현은?

747

Fancy seeing you here.

* **해석** 너를 여기서 다 만나네.

Check!

* fancy - 즐겁다/즐기다, 원하다
* here - 여기

타일러 Tip

'fancy'는 즐겁거나 놀라운 감정을 점잖게 나타낼 때 사용되는 단어예요. 제가 알기로 영국 사람들은 오늘의 표현을 좋은 의미로 많이 쓰는데, 미국에서는 대개 누군가와 마주친 상황을 비꼬려 할 때 사용하죠.

이 말을 할 때는 표정과 억양이 굉장히 중요해요. 밝은 표정과 말투로 'Fancy seeing you here!' 하면 반갑다는 뜻이고, 비꼬듯 말하면 '네가 여기 왜 나타난 거야?'의 뜻이랍니다.

748 미련 없어.

바로 듣기

제 친구랑 오랫동안 사귀다 헤어진 남자 선배가 결혼 소식을 알려 왔어요. '결혼식에 가지 말까?' 고민했는데 오히려 친구가 같이 가자고 하더라고요. 그러면서 '미련 없어.' 하던데, 이걸 영어로 알려주세요.

미련은 후회 같은 거니까 'regret'를 써볼게. 'I don't have any regret.(나는 어떤 후회도 없어.)'

글쎄요, 미련을 이렇게 표현하진 않을 거 같은데요?

'No need to think about it.(그거 생각할 필요 없어.)'

접근은 좋아요. 그럼 왜 생각할 필요가 없다고 말하는 걸까요? 두 사람이 헤어진 건 서로 안 맞아서겠죠?

▶▶ 그래서, 타일러가 준비한 표현은?

748

I'm way over that.

* 해석 나는 그걸 넘어섰어.

Check!

* be over - 끝나다

타일러 Tip

'be over ~'은 '~ 위에 있다'란 뜻으로 흔히 해석되죠.
근데 감정이나 상황에 이 표현을 쓰면 그 감정이나 상황을 넘어섰다는 의미가 돼요. 그 감정/상황은 이제 나와 상관없는 일이 되었다는 뜻인 거죠.
'way'는 예전에도 진미영에 나온 적이 있죠? 물리적 거리가 아닌 정신적 · 정서적 정도가 크다는 걸 강조하는 단어예요.
'나 술 많이 마셨어.'라 말하고 싶을 때 'I drank way too much.'라고 하는 게 한 예죠. 그런가 하면 'I'm way into you.(너에게 푹 빠졌어.)'처럼, 사람에 대한 관심을 표현할 때에도 쓴답니다.

초심자의 행운

낚시 경험이 전무한 지인과 함께 낚시를 갔어요. 근데 몇 번 경험해본 저는 한 마리도 못 잡은 데 반해 제 지인은 월척을 낚았지 뭐예요. 그때 제 맘을 위로해준 말은 '초심자의 행운!'이었어요. 영어로라도 이 행운 갖고 싶네요.

'It's my luck for the first time.(처음으로 운이 좋았어요.)'

접근은 좋아요. 근데 '초심자'라는 말이 들어가야 하지 않을까요?

처음 하는 사람이니까 'beginner'라 할 것 같아. 그럼 'Luck on beginner(처음 하는 사람의 행운)'?

거의 다 왔어요. 문장 구성만 조금 바꾸면 돼요.

▶▶ 그래서, 타일러가 준비한 표현은?

749

Beginner's luck.

* **해석** 초심자의 행운

Check!

* beginner - 초심자
* luck - 행운

타일러 Tip

오늘의 표현은 미국에서도 많이 써요. 이것 외에도 뜻밖의 행운을 의미하는 표현들이 있는데, 그중 하나가 'dumb luck'이에요. 'dumb'은 '바보 같은', '멍청한'을 뜻하는데, 거기에 'luck'을 붙이면 '엉뚱하게 생긴 좋은 일', '횡재'를 의미하는 표현이 된답니다.

가관이다.

저는 요즘 편의점에서 일하고 있어요. 근데 제 앞 근무자는 매대의 물건도 제대로 채워놓지 않고서 퇴근해버리네요. 그런 걸 볼 때마다 '가관이다, 가관이야.'이란 말이 튀어나오는데, 영어로는 어떻게 하면 될까요?

'I think he's crazy.(난 그 남자가 미쳤다고 생각해.)'

그 표현은 마음을 나타내는 거 같은데요?'가관'은 어떤 광경이나 상황이 볼만하다는 걸 부정적으로 이야기할 때 사용하잖아요. 그럼 마음보다는 자신이 본 상황을 말해야겠죠?

오늘의 답은 정말 모르겠네. 'What the what?(뭐야?)' 일까?

황당할 때 쓰는 말은 맞지만, 오늘 같은 상황에 맞게 순화된 표현이 있어요.

▶▶ 그래서, 타일러가 준비한 표현은?

750

Would you look at that?

* 해석 이것 봐라?

Check!

* look - 보다

타일러 Tip

오늘의 표현에 들어 있는 'you'는 '당신', '너' 등 누군가를 지칭하는 말이 아니에요. 영어에서의 'you'는 딱히 가리키는 대상이 없을 때 사용하는 경우가 꽤 많아요. 심지어 자신에게 독백이나 혼잣말을 할 때에도 쓴답니다. 어이없다는 뉘앙스로 말이죠.

- Would you look at that! I've studied hard, but I was late for the exam. = 이것 좀 봐! 열심히 공부했는데, 시험시간에 늦었어.

복습하기 736~750

- 사랑이 야속해~
- 아침밥이 보약이다.
- 나 헛걸음했어.
- 그 말, 안 들은 걸로 할게.
- 나만 아는 맛집이었어.
- 넌 눈치가 없어.
- 우리 화해했어.
- 속는 셈 치고
- 개 팔자가 상팔자
- 먹는 게 남는 거야.
- 진짜 불공평하네.
- 너 잘 만났다.
- 미련 없어.
- 초심자의 행운
- 가관이다.

복습하기

736 ~ 750

- That's love.
- Breakfast is the most important meal of the day.
- I guess I came here for no reason.
- I'm going to pretend you didn't say that.
- This was my go to.
- You're a bit clueless.
- We made up.
- You never know.
- Dogs have it good.
- If you don't eat, it will go to waste.
- It(That)'s so unfair.
- Fancy seeing you here.
- I'm way over that.
- Beginner's luck.
- Would you look at that?

[부록]

김영철의 진짜 미국식 영어 공부를 계속하는 법

지금까지 《김영철·타일러의 진짜 미국식 영어》 시리즈를 사랑해주셔서 감사합니다. 하지만 시리즈가 끝난다고 해서 영어 공부가 끝난 건 아니랍니다. 진짜 미국식 영어 공부를 계속하려면 '영어'를 평생 친구로 만들어야 해요. 예전에 누가 "대체 언제까지 영어 공부를 해야 하는 거야!" 하길래 평생 해야 한다고 답해줬어요. 사실 앞으로 10년 후나 15년 후라는 식으로 시기가 딱 정해져 있어 그때까지만 공부하고 끝내면 얼마나 좋을까요? 하지만 입시, 취업, 승진 등 영어 공부가 필요한 시기는 계속 다가오기 마련이니, 그냥 내 평생과 함께한다고 생각하고 공부하면 조금은 달라질 거예요. 우리 그냥 영어랑 평생 친구 하자구요~

더불어 영어를 공부하면서 점차 달라질 자신의 삶을 상상해보세요. 해외여행을 갔는데 식당에서 불쾌한 일이 생길 경우 영어로 멋지게 항의해서 사과를 받아내는 모습이라든가, 자막 없이도 영어권의 영화나 드라마 작품들을 보는 모습도요. 이런 상상들을 하며 영어랑 평생 친구로 지내다 보면 그 상상들은 얼마든지 현실이 되어 있을 거예요.

타일러의 진짜 미국식 영어 공부를 계속하는 법

TIP 1 영어를 공부하기 위한 이유부터 다시 생각해봐요

여러분은 왜 영어를 공부하시나요? 제가 한국어를 배우기 시작한 것은, 한국사람들에게 제가 하고 싶은 말을 직접 전달하고 싶었기 때문이에요. 또 한국 문화가 흥미로웠다는 점도 있었고요. 처음 영어 공부를 시작하겠다고 마음먹었을 때, 여러분에겐 어떤 이유와 목적이 있었나요? 영어 공부에 지칠 때마다 그것들을 떠올려보세요. 이 책《김영철·타일러의 진짜 미국식 영어》를 구매한 이유도요. 그런 다음 이 책을 다시 살펴보면 영어 공부에 지치지 않을 거예요.

TIP 2 외국어는 즐겁게 배워야 해요

다른 나라의 언어를 학습하는 활동은 뇌를 자극해서 알츠하이머병을 비롯한 치매를 예방하는 데 도움이 된다고 합니다. 그렇지만 뇌에 스트레스를 주지 않는 것도 중요하다고 하니, 기왕 외국어 공부를 할 거라면 즐겁게 할 수 있는 방법을 찾아야겠죠.《김영철·타일러의 진짜 미국식 영어》 시리즈는 영어를 재미있게 배우기 위한 책이니, 이 책들을 다시 살펴보면서 즐겁게 영어를 공부하세요.

TIP 3 영어 공부에는 끝이 없어요

시험 준비를 위한 공부는 시험이 끝나면 더 이상 하지 않아도 되죠? 영어 공부도 마찬가지예요. 공부의 목적이 토익이나 토플 같은 시험의 점수를 높이는 것이라면, 자기가 원했던 점수를 받은 다음엔 더 이상 공부할 필요가 없겠지요.

하지만 사실 외국어 공부에는 끝이 없어요. 모국어가 아니기 때문에 잠시 거리를 두면 그만큼 잊기가 쉬워요. 또 그 언어권의 문화를 잘 알지 못하면 이해할 수 없는 표현들도 많고요. 한국어 표현 중엔 여전히 제게도 어려운 것들이 있어요. 그래서 여러분이 영어를 계속 공부하는 것처럼 저도 한국어를 계속 공부하고 있죠. 여러분도 미국 문화를 익혀가면서 영어를 즐겁게 계속 배워가시길 바랍니다.

하루 5분 국민 영어과외
김영철·타일러의 진짜 미국식 영어 5

초판 1쇄 인쇄 2024년 6월 19일 **초판 1쇄 발행** 2024년 7월 3일

지은이 김영철, 타일러 **자료정리** 홍은혜
펴낸이 최순영

출판2 본부장 박태근
W&G 팀장 류혜정
디자인·일러스트 this-cover.com

펴낸곳 ㈜위즈덤하우스 **출판등록** 2000년 5월 23일 제13-1071호
주소 서울특별시 마포구 양화로 19 합정오피스빌딩 17층
전화 02) 2179-5600 **홈페이지** www.wisdomhouse.co.kr

ISBN 979-11-7171-218-2 13740